吕思勉 著

中国文化史六讲
中国政治思想史十讲

吕思勉著作精选

专门史

图书在版编目(CIP)数据

中国文化史六讲;中国政治思想史十讲 / 吕思勉著.
—上海:上海古籍出版社,2021.5(2024.8 重印)
(吕思勉著作精选. 专门史)
ISBN 978-7-5325-9938-7

Ⅰ.①中… Ⅱ.①吕… Ⅲ.①文化史-中国②政治思想史-中国 Ⅳ.①K203②D092

中国版本图书馆 CIP 数据核字(2021)第 066111 号

吕思勉著作精选·专门史

中国文化史六讲 中国政治思想史十讲

吕思勉 著

上海古籍出版社出版发行

(上海瑞金二路 272 号 邮政编码 200020)

(1) 网址:www.guji.com.cn

(2) E-mail: guji1@guji.com.cn

(3) 易文网网址:www.ewen.co

常熟市人民印刷有限公司印刷

开本 890×1240 1/32 印张 4.875 插页 3 字数 114,000
2021 年 5 月第 1 版 2024 年 8 月第 2 次印刷

ISBN 978-7-5325-9938-7

K·2990 定价:38.00 元

如有质量问题,请与承印公司联系

前　言

　　有一种说法，说理想的历史著述家，要写过一部历史的专著，写过一部历史教科书，再写过一部历史通俗读物。又有一种类似的说法，把教科书换成了方志书，或是把通俗读物换成了历史地图册，说唯有著述了多种主题、多种形式的史学作品，历史著述才算达到了完满的境界。这些说法，当然不是在为史学评论提供一种评判的标尺，其本意是强调历史著述家除了要撰写专业领域里的学术著作，还要尽其所能为社会大众提供多种多样的历史作品，以满足不同层次、不同爱好的读者需要。

　　由此而论，史学家吕思勉先生倒是达到了理想的历史著述境界。他不仅写有大部头的史学著作，如《先秦史》《秦汉史》等成系统的四部断代史，还写过大量的文史教科书和历史通俗读物。其数量之多、品类之丰，在民国时代众多的史学大家中也是很罕见的。而且，他撰写的教科书和历史通俗读物，都是精心之作，或被后人称之为通俗读物之典范。

　　如此次"吕思勉著作精选"收录的一九二四年商务印书馆出版的《新学制高级中学教科书本国史》，黄永年先生曾评价说：这本书现在已经很少有人知道了，有一篇《吕思勉先生主要著作》，就没有提到这本书，也许认为这只是教材而非著作。"其实此书从远古讲到民国,只用了十二万字左右篇幅,而政治、经济、文化以及典章制度各个方面无不顾及,在取舍详略之中,体现出吕先生的史学史识,实是吕先生早期精心之作。有些青年人对我讲,现在流行的通史议论太多,史实太少,而且头绪不清,实在难读难记。我想吕先生这本要言不烦的《本国史》是否可以给现在编写通史、讲义的同志们一点启发。"(黄永年:《回忆我的老师吕诚之先生》,《学林漫录》第四集,北京,中华书局,1981 年)

又如《三国史话》,原是吕先生撰写《秦汉史》的副产品,出版之后,就很受欢迎,被视为历史通俗读物的典范之作。虞云国先生说:史学大师吕思勉既有代表其学术高度的断代史,又有通俗读物《三国史话》,"各擅胜场,令人叹绝"。(吕思勉:《三国史话》封底,北京,商务印书馆,2015 年)梁满仓先生也说:"《三国史话》的大家风范,首先体现在作者强烈的历史责任意识……还表现在一些经得住时间检验的观点……《三国史话》是一部通俗历史读物,然而通俗中却包含着渊博的知识……小中见大、通俗中见高雅,《三国史话》为我们树立了典范。"(梁满仓:《〈三国史话〉的大家风范》,吕思勉:《三国史话》,北京出版社,2012 年)如今,吕先生的各种著述一再重版、重印,成为民国史学家中最为大众欢迎的史家之一,说明上述史学家们的评说已经成为大家的共识。

本着这样的认识,我们在吕先生一千余万字的著述中,选择了二十余种兼具通俗性与专业性且篇幅适宜者,根据内容分为七类,分别是:通史、专门史、修身、历史分级读本、读史札记、史话和国学,组成"吕思勉著作精选",以飨读者。如最先推出的"吕思勉著作精选·专门史",收入《中国社会史》、《中国社会变迁史(附大同释义)》、《中国民族史两种》和《中国文化史六讲 中国政治思想史十讲》。何以收入此四种?吕先生历来备受关注者,即其"两部通史、四部断代史、一种札记",但其对专门史亦非常重视。他提倡"专就一种现象的陈迹加以研究"之专门的历史,并且身体力行,在史学实践中完成社会史、民族史、文化史、政治思想史等专史著作,涵盖面很广。且其专门史常常有一种贯通的眼光,既是朝代的贯通,也是"专门"的贯通,如其讲政治思想史、文化史,则先论社会史,因此其专门之中又多贯通,体现了其"综合专门研究所得的结果,以说明一地域、一时代间一定社会的真相"的治学路径。吕思勉先生的历史著作,大多都蕴含着这种"贯通"的眼光。以此为例,是想说明我们精选吕思勉著作的用意,以及帮助读者更好地理解中国历史的希望。

目　录

中国文化史六讲

何谓文化，事极难言。追溯文化之由来，而明其所以然之故，弥不易矣。予谓文化者，人类理性之成绩也。人之举措，直情泾行者果多；熟思审处者，亦自不少，举措既非偶然，成绩必有可睹；一人然，人人从而效之，万人然，后人率由不越，积久则成为制度，习为风俗。其事不容骤变，而其迹亦不可遽灭。此则所谓文化史者矣。人之作事，恒因其境而异，各国民所处之境不同，故其所造之文化亦不同。观其异同，而其得失可见矣。非茹荼不能知苦；观于其粲然者，而其文化可知矣。故就我国社会，荦荦大端，分为二十篇述之。其目为：婚姻族制第一；户籍阶级第二；财产制度第三；农工商业第四；衣食居处第五；交通通信第六；政体官制第七；学校选举第八；兵制第九；法律第十；财政赋税第十一；文字印刷第十二；先秦学术第十三；两汉经学第十四；玄学佛学第十五；理学第十六；清学第十七；史学第十八；文学美术第十九；神教第二十。

第一讲　婚姻族制

《易》曰："有天地，然后有万物。有万物，然后有男女。有男女，然后有夫妇。有夫妇，然后有父子。有父子，然后有君臣。"若是乎社会之组织，实源于家族，而家族之本，又由于男女之牉合也。欲知文化之源者，必不容不知婚制及族制审矣。

今言人伦，必始夫妇。然夫妇之制，非邃初所有也。《白虎通》言，古之时，人民但知其母，不知其父。是为夫妇之制未立之世。斯时匹合，盖惟论行辈。同辈之男，皆可为其女之夫。同辈之女，皆可为其男之妻。《周官·媒氏》有会男女之法。而《礼运》言"合男女，颁爵位，必当年德"，盖由于此。其后虑以争色致斗乱，而程度日进，各部落之接触日繁，乃有劫略或价买于异族者。婚礼必行之昏时，盖即源于略夺。六礼之纳征，则卖买之遗俗也。《郊特牲》曰："取于异姓，所以附远厚别也。"厚别所以防同族之争乱，附远则借此与异族结和亲也。益进，则脱卖买之习，成聘娶之礼矣。婚礼有六，曰纳采，亦曰下达，男氏求婚之使。曰问名，女氏既许婚，乃曰："敢请女为谁氏。"谦，不必其为主人之女也。问其姓氏者，盖主人之亲戚或佣婢之类也，果是主人之女，奚用问姓也。纳采、问名共一使。曰纳吉，归卜之于庙。曰纳征，亦曰纳币，卜而得吉，使告女氏，纳玄纁束帛俪皮。曰请期，定吉日也。吉日男氏定之，然必三请于女氏，女氏三辞，然后告之，示不敢专也。曰亲迎。亲迎之夕，共牢而食，合卺而酳，所以合体，同尊卑，以亲之也。质同平。明，赞妇见于舅姑。厥三日。明，舅姑共飨妇。舅姑先降自西阶，妇降自阼阶，以著代也。此礼亦称授室。与适（同嫡）子之冠于阼同，惟冢妇有之。妇入三月以三月气候一转也。而祭行。舅姑不在，则三月而庙见。未庙见而死，归葬于女氏之党，示未成妇也。《礼记·曾子问》。必三月者，取一时，足以别贞信也。《公羊》成公九年，《解诂》。纳征之后，婿若女死，相为服丧，既葬而除之。故夫妇之关系，实自纳征始。然请期之后，婿若女之父母死，三年服阕，仍可别婚。《礼记·曾子问》。则礼必成于亲迎。后世过重纳征，乃有未嫁婿死、女亦为之守贞者，宜清人汪容甫讥为好仁不好学。其蔽也，愚也。

娶妻之礼如此。若言离婚，则妇人有七弃，五不娶，三不去，说见《公羊解诂》。庄公二十七年。其说曰：尝更三年丧不去，不忘恩也。贱取贵不去，不背德也。有所受无所归不去，不穷穷也。丧妇长女不取，无教戒也。世有恶疾不取，弃于天也。世有刑人不取，弃于人也。乱家女不取，类不正也。逆家女不取，废人伦也。无子弃，绝世也。淫佚弃，乱类也。不事舅姑弃，悖德也。口舌弃，离亲也。盗窃弃，反义也。嫉妒弃，乱家也。恶疾弃，不可奉宗庙也。《大戴礼记·本命篇》略同。后世法律，亦明七出之文，然社会情形，今古不同，故律所强其出之者，惟在义绝。何谓义绝，律无明文，盖难言之，故以含浑出之也。

婚礼精义，在于男不亲求，女不亲许。今世婚姻适得其反矣。吁！故如鲁季姬使鄫子请己，《春秋》大以为非。《公羊传》僖公十四年。然如《左氏》所载，子南子晰，争婚徐吾氏，乃使其女自择者，亦非无之。《左传》昭公六年。婚礼不称主人，特其形式而已。《公羊传》隐公二年。固非如后世，全由父母主婚，男女绝不与闻也。

婚年。《书传》、《尚书大传》。《礼记》、《公》、《穀》、《周官》皆云男三十，女二十。《墨子·节用》、《韩非·外储说右下》则曰男子二十，女十五。《大戴礼记·本命》谓上古男五十，女三十。中古男三十，女二十。此皆为之极限，使不可过。非谓必斠若划一也。大抵婚年早者，出于蕃育人民之意。迟则由于古人财力不及，故杀礼多婚，为《周官·大司徒》荒政十二之一。古者霜降逆女，冰泮杀止。《荀子·大略》《春秋繁露·循天之道》。至于仲春而犹不能婚，则其财力不逮可知。故《周官·媒氏》，仲春会计也。男女，奔者不禁。所谓奔者，谓不备礼，正以贫乏故也。六礼不备曰奔，非淫奔之谓也。婚年婚时，以王肃之说为通。见《孔子家语·本命解》及《诗·摽有梅》疏。后世生计渐裕，则婚嫁较早。曹大家十四而适人，见《女诫》。汉惠帝令女子十五不嫁五算，《汉书》本纪。惠帝时成年者纳一算。皆其征也。《大戴记》谓婚年自天子至庶子同。《左氏》则谓国君十五而生子。见襄公九年。越勾践挠败于吴，乃颁律男女十七不婚嫁者，科其父母，以进生殖也。

畜妾之俗，起于富贵之淫侈。《盐铁论·散不足篇》谓"古者一夫一妇，而成家室之道"。妾非邃古所有，见于书传者，惟此而已。妾御之数见于经者，《公羊》谓天子娶十二女，《公羊传》成公十年《解诂》。诸侯九。庄公十八年。取一国，则二国往媵，皆有侄娣。夫人有左右二媵。侄为今之内侄女，娣为今之小姨。《曲礼》谓"天子有后，有夫人，皆世妇。有嫔，有妻有妾。公侯有夫人，有世妇，有妻有妾"。《昏义》谓天子有一后，三夫人，九嫔，二十七世妇，八十一御妻。《周官》无三夫人，有世妇女御，而不言其数。案冠、婚、乡、射、燕、聘诸义，皆《仪礼》之传，传文皆以释经。惟《昏义》末节，与经不涉，文亦不类。而百二十人之数，适与王莽和、嫔、美、御之制合，《汉书》本传。和、嫔、美、御亦一百二十人。其为后人窜入无疑。古者诸侯不再娶，所以"节人情，开媵路"也。《公羊》庄公十八年。《仪礼·丧服传》。媵与夫人之娣，为贵妾，得为继室。《昏礼》曰"无大夫冠礼而有其婚礼，古者五十而后爵，何大夫冠礼之有"。然则大夫五十，犹得再娶，其为继娶可知。得继娶，其本为妾媵可知。故知畜妾为后起之俗也。

《颜氏家训》云："江左不讳庶孽，丧室之后，多以妾媵终家事。河北鄙于侧出，不预人流。是以必须重娶。至于三四。"盖江左犹存有妾不得再娶之义，河北则荡然也。《公羊》质家，《公羊》有文质两家，质求实际也。母以子贵。隐公元年。又《春秋繁露·三代改制质文篇》。然妾为夫人，特庙祭之。子死则废。《公羊传》隐公五年，《解诂》。犹与正夫人有别。此由本为妾媵故然。再娶事自有异。《唐书·儒学传》：郑余庆庙有二妣，疑于祔祭，请诸有司。博士博士为太常寺司员，掌礼也。韦公肃议曰："古诸侯一娶九女，故庙无二適。自秦以来有再娶。前娶后继，皆適也。两祔无嫌。"余庆用其议。后世亦多遵之，同为適室，只限继娶。若世俗所谓兼祧（嗣也）双娶等，则为法所不许。大理院统字四百二十八号解释，以后娶者为妾。妾之有无多少，古视贵贱而分，后世则以贫富而异。法律仍有依贵贱立别者，如《唐书·百官志》：亲王孺人二人，媵十人。二品，媵八人。国公及三品，媵六人。四品媵四人，五品媵三人。庶人娶妾，亦有限制。如《明律》，民年四十以上无子者，方听取妾，违者笞四十。然多成具文而已。

贞妇二字，昉见《礼记·丧服四制》。宋伯姬逮火而死，排他为爱情之要素。鲁女嫁宋伯姬。古例傅姆不下堂。傅，年长之男侍。姆，年长之女侍。《春秋》特书之。《公羊传》襄公三十年。以及《芣苢》、《柏舟》、柏舟，齐公主嫁卫国君，甫抵卫城而国君亡。《大车》之序于《诗》。皆见《列女传》。刘向学《鲁诗》，今诗分鲁、齐、韩三家，古唯《毛诗》而已。皆可见儒家之崇奖贞节。然有淫通者，亦不以为大过。《凯风》之诗，卫有七子之母，不安其室。而孟子曰："《凯风》，亲之过小者也。"视再嫁尤为恒事。《郊特牲》曰："壹与之齐，（妻也）终身不改，故夫死不嫁。"案："壹与之齐，终身不改。"谓不得以妻为妾。非谓不得再嫁。注亦不及再嫁义。此语为后人窜入无疑。宋学家好作极端之论。宋学盛行，而贞节乃益重，上中流女子，改嫁者几于绝迹矣。世多以伊川"饿死事小，失节事大"之言为诟病。案此语出程氏《外书》，《外书》本不如《遗书》之可信。而此语之意，亦别有在，意在极言失节之不可，非主妇女再嫁言也。泥其辞而昧其意，亦流俗无识使然。未可专咎小程也。

　　倡妓之始，娼妓本作倡伎，最初之时，本为男人所操之业。日本谓之卖淫。世多以《管子》女闾三百为征。此盖后世乐户之流。至于私倡，则其原始，无可征矣。后世乐户，多以罪人及其家属充之。或取诸贱族。详见《癸巳类稿》。乐户分官奴婢和私奴婢两种，俞正燮理初著有《乐户集》。

　　以上论婚制竟。以下略论族制。

　　夫妇之制既为邃初所未有，则保育子女之责，必多由母任之。故人类亲亲之情，必造端于母子。知有母，则知有同母之人焉。由此而推之，则知有母之母焉。又知有与母同母之人焉。亲属之关系，自此肪也。故古代血统，以母为主，所以表其血统者为姓。于文，女生为姓，职是故也。女系时代，得姓之由，略如下图：

斯时甥舅为一家之人，同姓一，异姓二，阴阳之义也。母党者，生之所

自出也；妻党者，生之所由出也，终始之义也。其后所生者虽不同，而其为甥舅则一也，均异姓也。而世叔父则否。欧俗财产或传诸甥由此。人类生计，必自渔猎进于游牧，自游牧进于耕农。渔猎之世，民居出谷洲渚之间，可以合族而处。游牧须逐水草，耕农各有分地，斯不然矣。丁斯时也，人民由合而分，而女子遂为男子之私属。私其子姓，人有恒情，有财产者，必思传于子。又古代职业，父子相继，欲知其人为何如人者，必先知其父为何如人。财产权力之统系，亦必有以表之。夫是之为氏。故姓之始，恒从女。而氏之起恒从男。

然至男权日张，妻子皆为之私属，周时子姓乃随父，如文王姓姬，夫人任武王亦姓姬。则表女系之姓，亦易而为男系。如周姓姬，齐姓姜，宋姓子是也。是之谓正姓，同出一祖者，正姓皆同。而又有氏以表其支派。若鲁之三桓，孟孙氏、仲孙氏、季孙氏。郑之七穆是也。是之谓庶姓。详见《礼记》《尚书大传》注疏。三代以前，大抵男人称氏，女子称姓。详见顾亭林《原姓》。姓百世尚不更，氏数传而可改。封建既废，谱牒沦亡，正姓多不可知。亦无新起之庶姓，而姓氏之别遂亡。详见《通志·氏族略》。古有王牒纂修馆。

下图九族，为今《戴礼》、《欧阳尚书》说。

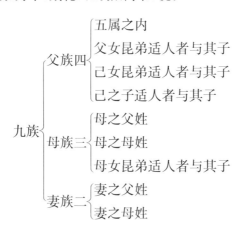

古文家以上自高祖,下至玄孙为九族,乃九世之误也。_{俞荫甫说。}宗法至周而始详,盖亦至周而始严,其法以别子为祖。别子之正适为大宗,次子以下,皆为小宗。小宗之正适,为继祢小宗,其正适为继祖小宗,以次相传,为继曾祖小宗,继高祖小宗。继祢者兄弟宗之,继祖者从兄弟宗之,继曾祖者再从兄弟宗之,继高祖者三从兄弟宗之,六世亲尽。则不复宗事与我同六世之正适,故曰五世而迁。大宗之正适,则永为同出一祖者所宗事,故曰百世不迁。凡诸小宗,皆为大宗所统摄。族之殇与无后者,从祖附食。皆祭于大宗之家。故小宗可绝,大宗不可绝。_{《仪礼·丧服》。}大宗不绝,则同出一祖之人,皆能抟结而不散。此宗法之组织,所以为坚强而悠久也。天子者,同姓诸侯之大宗。诸侯者,同姓大夫之大宗。故曰"君之宗之"。_{《诗·笃公刘》。}然则宗子皆有土之君,故能收恤其族人。族人皆与宗子共生息于其封土,故必翊戴其宗子。此宗法与封建,所以相辅而行也。_{九族之义,详见《五经异义》。宗法详见《礼记大传》。}古者诸侯不敢祖天子,大夫不敢祖诸侯。祖,正统之世祖也。宗,旁系也。

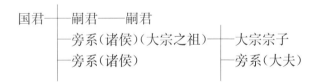

如上图,大宗之祖不能称国君为祖也。然称宗则可也。而不能亲与祭祀,以正名也。旁系在本系内称诸侯,至别系内又得称世祖。小宗在别系内又得称大宗。

古代之民所以笃于宗族者,_{先有族后有宗。}以其时人类相亲相爱之情未广,分工协力之道未备,政治与生计之抟结,皆止于是也。后世亲爱之情日扩,通工易事之范围亦日广。职业复杂,断不容聚族

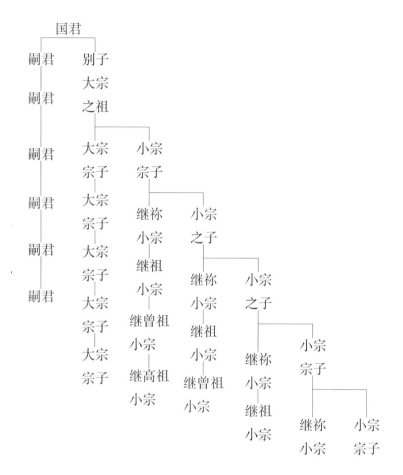

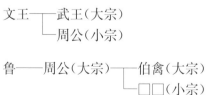

而居，强宗巨家或且为政令之梗。则宗法不得不替，而相生相养，专恃五口八口之家，治理则胥由于国矣。有谓古之家族观念厚，今之家属观念薄,实则非人心之异,乃社会之组织不同有以致也。古者社会组织简陋,宗族事务非协力无以生存。今则适趋其反,工商发达,凡百事业,皆可以金钱代力。则宗族愈大,反致无济于事,是以宗族之观念疏焉。丧服同财,以大功为限。平民有弟,则为余夫。《孟子·滕文公上》。可见古者卿大夫之家,较今日普通之家为大。平民之家,则相等也。五口八口,为一夫上父母,下妻子。此谓相生相养,不得不然之抟结。较诸欧人,亦仅多上父母一代耳。此非至人人“不独亲其亲,不独子其子”之世,不易破除也。宗族百口,累世同居之事,史传多载之。笃旧者侈为美谈,喜新者又以为诟病,其实以中国之大,此乃凤毛麟角耳。制度与社会组织,格不相入,未有能行之广、持之久者也。继嗣之法,自周以来,始专重适长。其时宗族方盛,宗子之地位最尊,有一大宗,则同出一祖之人,皆得所依倚。故所不可绝者仅大宗。后世宗法既废,敬宗收族之意亦亡。而不孝有三,无后为大之见解,依然如故,《孟子·离娄上》。遂至人人皆欲立后,此其势实不可行。故仪礼之家多非之。然财产既许私有,无后则产无所归,归公非人情所愿。近亲分受,转益纠纷,尚不如立一人焉。主其祀而袭其产之为得,此习俗之所以重立嗣,而法律亦从而许之也。惟今世法律,当重保护人之财产,立后与否,当听其人之自愿。财产归诸何人,当一凭本人之意。而法律于此,不能尽符。此则未尽善者耳。赵瓯北先生著《陔余丛考》一书,专叙历史上制度与社会组织正史所遗漏不载。

兼祧之法 长房之子兼祧于其次各房者,则于本生父母服三年而于兼祧父母服一年。小房之子兼祧长房者,于本生父母服一年,于兼祧父母服三年。创于清高宗时。盖一族人丁衰少时,往往近亲固无多丁,远房亦无支子。清律禁立异姓为后。惟仍得为养子,且得分给财产。又禁昭穆辈份相称也。失序,非如是,不能令人人皆有后也。女子继承,系国民政府新定之法,于理固当。然与习俗相违,推行尽利,尚非旦夕间事也。

第二讲　户籍阶级

凡治皆以为民，亦凡治皆起于民。故户籍者，一国政治之根本也。吾国户口之清晰，盖尚在三代以前，斯时国小而为治纤悉。君卿大夫，皆世守其地，易知民之情伪。又生事简陋，交通阻塞，社会风气诚朴。而民之轻去其乡者少，故户籍易于清厘。后世则一切反是，故其民数，遂至无可稽考也。_{中国古时户口之不得清查，丁、户税之存在，亦为一大主因。}

清查户口，必始乡里。邻比之制，_{邻比之制，犹今之区镇街长是也。}实为其基。《周官》小司徒，颁比法于各乡，使各登其乡之众寡，承行其事者，盖皆比闾族党之长，司民登万民之数，特为之会计而已。后世乡职，名存实亡。官吏又皆客籍，视其位为传舍，_{逆旅也。}此等详密之政，安得推行尽利哉！而其尤为清查之累者，则莫如户籍役籍，并为一谈一事。

徐幹_{汉末年人。}《中论》曰："民数者，庶事之所出也。以分田里，以令贡赋，以造器用，以制禄食，以起田役，以作军旅。"盖古之清查户口，有裨治理如此。后世此等事一切不问，特为收税起见，加以清查。则人民安得不隐匿，官吏又安肯切实奉行乎？

历代清查户口之法，虽难具详，要之在官必始于县，自此上达于郡，更上达于中央，或监司之官。自县以下，则委之吏胥及乡职。吏胥舞弊，乡职蠢愚，其不能善其事，无待再计矣。略举其弊，约有七端：酷吏务求增丁，畏葸者亦不敢减；户有死绝，摊诸现存，一也；清以前人民须得度牒，方得落发空门。清以来乃废，以致僧侣益众。货贿出入，任意低昂，二也；吏胥婪索，三也；此弊之在官吏者也。诈称客籍，冒为士族，或妄托二氏，二氏者，和尚、道士也。以规免役，四也；脱户漏口，五也；豪强隐占，亲族蔽匿，六也；户役轻重，各有不同，如军民匠灶等。情有趋避，遂生诈冒，七也。此皆弊之在民者也。总而言之，役籍不实，而户籍与之并为一谈，其不能实，无待再计矣。

姑以明清近事征之。明制：以百十户为里，在城曰坊，近城曰厢。岁役里长一人，甲长十人，以司其事。民数具于黄册。黄册以户为经，以田为纬，亦以里长司之。而上诸县，县上诸府，府上诸布政司，布政司上诸户部，岁终以闻。命户科给事中一人，御史二人，户部主事四人校焉。其制似极精详，黄册先载户数，次载当差丁数，次载男妇口数，末总计当差丁数。鳏寡孤独，不能应役者，附十甲后为畸零。僧道有田者，编册如民科，无田者亦为畸零。果能推行尽利，全国民数，亦未始不可周知。然总结只具当差人丁，其法已不尽善。况于当差人丁，数亦未必得实。不当差之男妇，其为随意填写，抑真加以清查，更不可知乎。又况乎后来并黄册而无之，或有之而全不实。厘定赋役，但凭所谓白册者乎。各县自造，以供定赋役之用者，谓之白册。明制，五年一均役，十年则更造黄册。清初三年一编审，后改为五年，所谓编审，与清查人口，全无干涉。只是将全县应收丁税，摊之各户而已。此时丁税，实早摊入田亩。故康熙五十年，有嗣后滋生人丁，永不加赋之诏。非不欲加丁税，明知即加之，所得亦终有限也。雍正四年，径将丁银摊入地粮，自此编审不行。乾隆时，遂凭保甲以造户册。保甲固与役法无关，然其立法极详密。以昔时政治之疏阔，安能实力奉行，则亦具文而矣。人谓编审停而户口之数较得实,吾不信也。

　　嬴秦以前,户口之数,已无可考。自汉以来,则散见史籍,大约口数盛时,多在六七千万左右,最少时不足千万,历代户口之数,可看《三通考·户口考》最便。此可觇历代口税盈绌耳。与户口之数,实无涉也。乾隆既停编审,户口之数骤增,口数逾一万万。自此递有增加,道光十五年,遂逾四万万。今日习称中国人口为四万万,由此也。

　　中国议论,有与欧洲异者。欧洲古希腊等皆小国,崎岖山海之间,地狭人稠,过庶之形易见。故自亚里士多德古希腊大哲学家。以来,已有人众而地不能容,为最后之忧之说。马尔萨斯之人口论,特承其余绪而已。中国则大陆茫茫,惟患土满。故古之论者,多以民之不庶为忧,后世虽有租庸调等计口授田之法,实未必行。故过庶之患难见。而政治主于放任,调剂人口等事,政府又素不关怀,殖民之说,尤自古无有。数千年来,国内则荒处自荒,稠密处自患稠密。开疆拓土,亦徒以餍侈君喜功好大之心,于人民无甚裨益。"年年战骨埋荒外,空见葡萄入汉家"。古来暴骨沙场,不知凡几,而迄今日,仍以广田自荒,启戎心而招外侮。诵昔人之诗,能无深慨乎!

　　古有恒言曰君子小人,所谓君子,盖执政权者之通称。所谓小人,则不与政,自食其力者也。大抵古代阶级由于战争,有战争,则有征服者,亦有被征服者。征服者之同姓、外戚、功臣、故旧,谓之百姓。古百姓与民异义。如《尧典》"平章百姓"与"黎民于变时雍"分言。其余则因其职业之异,分为士、农、工、商。士之初,盖战士之意。当时政事,盖多在此等人手,故后遂变为任事入仕之称。初任事者曰士,士而受爵,则为大夫,此皆所谓君子。自士以下,执事者曰庶人。"士有员位,而庶人无限极",《孝经·庶人章》疏引严植之语。则与农工商同为小人矣。士、农、工、商,通称四民,野人则变民言氓。《周官·遂人》

注。盖民为征服人之族,居于郭以内。野人则服于人之族,居于郭以外。城为极小之方围,郭乃大范围之城,无定形,郭内景象,一如乡村。然郭内多行畦田制,郭外多行井田制,以郭内多不平之地也。古制居于郭之内者,称国人。居于郭之外者,称野人。大概国人为战胜民族,野人为战败民族,其待遇迥异。孟子曰:"国人皆曰可杀,然后杀之。国人皆曰可用,然后用之。"故国人之力大焉,而野人无与也。**古代参与政治,实惟国人**如询国危,询国迁,询立君等,见《政体篇》。以此。其后封建制坏,君卿大夫,渐失其位,遂至与民无别。而国人增殖,不能不移居于野。野日富厚文明,寖至与国无异,则国人野人之迹亦泯矣。又有所谓奴婢者,盖以罪人及俘虏为之。《周官》司隶有五隶,罪隶为罪人,闽隶、蛮隶、夷隶、貉隶皆异族,盖战胜所俘也。然其除去奴籍,初不甚难。《左氏》襄公三十二年,斐豹请杀督戎,范宣子喜曰:"而杀之,所不请于君焚丹书者,有如日。"则以君命行之而已。后世人主每以诏旨释放奴婢,殆亦沿之自古欤。

古代之阶级,由贵贱而分。封建政体既坏,则由贫富而异。秦汉之世,拥厚资者,大略有三:曰大地主;曰擅山泽之利者;曰大工商。董仲舒言,富者田连阡陌,贫者无立锥之地,此则所谓大地主。《史记·货殖列传》所载事种树、畜牧、煮盐之人,则所谓擅山泽之利者也。晁错谓当时商贾,交通王侯,力过吏势。以利相倾,千里游敖。乘坚策肥,履丝曳缟。当时所谓商贾,实兼制造之家言之。如孔仅为南阳大冶是也。此所谓大工商也。《汉书》谓编户齐民,同列而以财力相君,虽为仆隶,犹无愠色。《货殖列传》。贫富阶级之显著,概可见矣。然古代贵贱之阶级,亦非至此而遂划除净尽也。其遗留者,则为魏晋以后之门阀。

唐柳芳论氏族曰:"氏族者,古史官所记也。昔周小史,定系世,系,帝系也。世本,诸侯卿大夫之家谱也。辨昭穆,故古有《世本》,录黄帝

以来至春秋时,诸侯卿大夫名号继统。""秦既灭学,公侯子孙,失其
本系。汉兴,司马迁父子,乃约《世本》修《史记》,因周谱明世家,乃
知姓氏之所由出。虞、夏、商、周、昆吾、大彭、豕韦、齐桓、晋文,皆同
祖也。更王迭霸,多者千祀,少者数十代。先王之封既绝,后嗣蒙其
福,犹为强家。汉高帝兴徒步,有天下,命官以贤,诏爵以功。先王
公卿之胄,才则用,不才弃之。不辨士与庶族,始尚官矣。然犹徙山
东豪杰,以实京师。齐诸田,楚屈、景,皆右姓也。其后进拔豪英,论
而录之。盖七相五公之所由兴也。魏氏立九品,置中正,尊世胄,卑
寒士,权归右姓已。其州大中正主簿、郡中正功曹,皆取士族为之,
以定门胄,品藻人物。晋宋因之,始尚姓已。中正之弊,惟能知其阀阅,
非复辨其贤愚,是亦九品制之不完美也。所谓尊世胄,卑寒士,助长阶级之气
焰。上品无寒门,下品无世族。于时有司选举,必稽谱籍而考其真伪。
故宦有世胄,谱有世官。贾氏王氏谱学出焉。由是有谱局,谱局为齐
梁时所设。令史职皆具。""夫文之弊,至于尚官;官之弊,至于尚姓;
姓之弊,至于尚诈。隋承其弊,不知其所以弊。乃反古道,罢乡举,
离地著,尊执事之吏。于是乎士无乡里,里无衣冠,人无廉耻,士族
乱而庶人僭矣。"《新唐书·柳冲传》。此说于阶级兴替言之,殊为了
然。盖古代贵族宗支,具存谱牒。故与平民不相混。此等谱牒,本
皆职以官司。逮封建废而官失其守,谱牒沦亡。汉世用人,又不拘
门第。自古相沿之阶级,本可至斯而泯。然沿袭既久,社会视听,骤
难变易,故魏晋以降,其焰复张。当时士庶之隔,有若鸿沟。婚姻不
相通,膴仕不相假,甚至一起居动作之微,亦不相侪偶。观《陔余丛
考》"六朝重氏族"一条可见。琅邪王姓,博陵崔姓,皆贵族也。唐文宗欲
以公主降士族,曰:"民间婚姻,不计官品,而尚阀阅。我家二百年天
子,反不若崔、卢邪?"《旧唐书·杜兼传》。可见唐末此等风气尚盛。
乃至五季,而"取士不问家世,婚姻不问阀阅"。《通志·氏族略》。千

年积习，一旦捐除，虽曰遭遇丧乱，官私谱牒沦亡，《昭明文选》讥琅邪王与富阳满通婚姻事，以不明谱牒也。亦何遽至此哉？君子观于此，而知世变之亟也。凡蟠踞社会之上层者，必有其实力，实力惟何，一曰富，一曰贵，贵者政治上之势力，富者社会上之势力也。观《廿二史札记》"江左世族无功臣"、"江左诸帝皆出庶族"、"南朝多以寒人掌机要"等条，而知士族政治势力之式微。观《日知录·通谱》、《廿二史札记》"财昏"等条，而知庶族社会势力之雄厚。社会之组织，既不容由凭恃财力，复返于凭恃武力。则徒借相沿阀阅以自雄者，终不能不为新起之富豪所征服，有断然矣。盖至此而自古相沿之阶级尽矣。论者或以崇尚门阀，区别士庶为美谈，而转陋隋唐之所为，岂知言哉？

门阀既废，则为平等之累者，惟有奴婢。奴婢有二：以罪没入者为官奴婢，以贫鬻卖者为私奴婢。二者皆汉世最盛，而后汉光武一朝，免奴最多，皆见《本纪》。殆可称中国之林肯。不过政治力强，莫敢举兵相抗而已。古代奴婢，皆使事生业，所谓"耕当问奴，织当问婢"。非如后世以供驱使，故其数可以甚多。白圭、刁间、蜀卓氏皆以此起。后世二者亦不绝，然政治常加以纠正，故其势不能大盛。大抵官奴婢有赦令则免，私奴婢则或以诏旨勒令释放，或官出资为赎，或令以买直为庸资，计其数相当则免之。然在民国以前，其迹终未能尽绝也。又有所谓部曲者，其初盖属于将帅之卒伍，后遂为之私属。《续汉书·百官志》：大将军营五部，部下有曲，曲下有屯，此部曲本意。《三国·魏志·李典传》：宗族部曲三千余家，居乘氏，自请愿徙诣魏郡。《卫觊传》：镇关中，时四方大有还民，诸将多引为部曲，觊书与荀彧谓郡县贫弱，不能与争，兵家遂强，一旦变动，必有后忧，皆部曲专属将帅之证。部曲之女，谓之客女，较平民为贱，而较奴婢为贵，自魏晋至唐宋皆有之。

古代婢妾，本无区别，故以罪没入之妇女，亦可使之执伎荐寝以娱人，是为乐户。此制历代皆有，直至清世始全废。俞氏正燮《癸巳类稿》，有文纪之。又历代以罪沦为贱民者极多，至清世亦皆放免。如江山之九姓等。亦见俞氏文中。在清代，所谓身家不清白者，惟倡优皂隶，及曾鬻身为奴者而已。然不许应试入仕，亦仅以三世为限也。至民国，乃举此等污迹，一律划除焉。

以上所述，为本族之阶级，而本族与异族间之阶级，亦随武力之不竞而俱起。此则述之而滋可伤者已。我族为异族所征服，自五胡之乱始。史称高欢善调和汉人与鲜卑，其语鲜卑人曰：汉民是汝奴，夫为汝耕，妇为汝织，输汝粟帛，令汝温饱，汝何为陵之？其语汉人则曰：鲜卑是汝作客，得汝一斛粟，一匹绢，为汝击贼，令汝安宁，汝何为疾之？以汉人任耕，鲜卑任战，俨然一为武士，一为农奴焉。五胡之待中国人可知矣。辽、金、元、清，猾夏尤甚。辽自太祖，即招致汉人，别为一部。卒以此并八部而成帝业。然终辽之世，征兵必于部族。五京乡丁，仅使保卫闾里而已。辽世设官，分南北面。北以治部族宫帐，南以治汉人州县，而财赋之官，南面特多，盖腴汉人以自肥也。辽金汉人不杂居，其祸尚浅。金则猛安谋克户入中原者，皆夺民地以畀之。宣宗南迁，骚扰尤烈，致成骨仇血怨，一朝丧败，屠戮无遗。观其后来报之惨，而知其初陵之烈矣。《廿二史札记·金末种人被害之惨》。元入中国，至欲尽戮汉人，空其地以为牧场。《元史·耶律楚材传》。虽不果行，而汉人入奴籍者甚多，虽儒者亦不免。《廿二史札记·元初诸将多掠人为私户》。元世分人为蒙古、色目、汉人、南人四等，一切权利，皆不平等，末造见诛之事，往史虽语焉不详，然今谚犹有"杀鞑子"一语，鞑子即蒙人自号也。想其见报，亦必不免矣。清代满汉不通婚，不杂居，故相仇亦视金元为浅。然其初入关时，籍民庄田，又圈民地，以给旗民，亦与金代所为无异。官缺皆分满汉，又有蒙古包衣缺，亦与元代长官必用蒙人者，相去无几。此皆非契丹所有。其刑法，宗室、觉罗及旗人，皆有换刑，特邀宽典。又或刑于隐者，俨然有"不与国人虑兄弟"之意。亦与辽金元不同。辽金元之初，刑法亦汉蕃异施。然意在各率其俗，与清代用意不同也。迫令举国剃发易服，尤前此外夷所不敢行，相迫相煎之局，每以降而愈烈。处兹生存竞争之世，固不容不凛凛矣。

第三讲　财产制度

中国财产分配之法,大抵隆古之世,行共产之制。有史以后,逐渐破坏,至秦汉之世而极。是时冀望复古者甚多,王莽毅然行之,卒召大乱,自是无敢言均平财产者。私产之制,遂相沿以迄于今。

老子言"郅治之世,邻国相望,鸡犬之声相闻。民各甘其食,美其服,安其俗,乐其业,至老死不相往来"。此为邃古之世,部落分立之情形。其时盖各部落之中,自行共产之制。孔子谓大道之行也,"人不独亲其亲,不独子其子"。"货恶其弃于地也,不必藏于己,力恶其不出于身也,不必为己"。盖即此时代之情形也。自交通日辟,彼此之往来日繁,而其制渐坏。

部落共产之制,所以随交通之便而破坏者,一因其互相兼并,胜者攘败者之财为己有。一由交易渐兴,前此自造之物,至此可不造而易之于外,少造之物,可多造以与人相易。前此之分职,遂不可复行。而奇异之物,日接于耳目,欲利之心,因之日炽。为公家任职之处,又多制私货,仇诸异族。于是部落中有私财之人日多,而贫富渐不均。前此共产之组织,亦遂逐渐破坏,两部落之相争战也,败者之财产,率尽为胜者所有。斯时无所谓个人之私产也,一部落之财产,则其族之人所共有而已。然财产虽为一族之人所共有,而管理之权,必操诸一人,其实乃与族长一人所有无异。战败之族之财产,尽归诸战胜之族，亦仍如此。《诗》曰："普天之下，莫非王土。率土之滨，莫非王臣。"王即战胜之族之酋长也。战胜之酋长，以此土地，分给子弟亲故，使食其入而治其人，是为封建。以此土地，赋与农奴，使之耕种，则所谓井田之制也。农奴仅得耕作，土地初非所有，故有还受之法焉。古代分职，时曰士农工商，士之初盖为战士，其后乃变为任事之称。凡为士者，皆禄足代耕，然亦仅足代耕而已。农夫所食，自九人至五人。工业大者皆由官营，商人之贸迁，亦为国家谋通有无，弥阙乏，所得私利有限，国家所以监督之者又甚严。见《农工商业》篇。故斯时四民，实无甚贫甚富。其所入较多者，惟有封地之君大夫而已。此则诸部落互相兼并，因生平民贵族之差，以至于此也。

贫富之不平，首由井田之破坏；井田之破坏，孟子谓由"暴君污吏，慢其径（经）界"。实亦人口渐繁，土地不足，惜田间道路沟洫，占地太多，故欲从事垦辟也。见朱子《开阡陌辨》。自井田废而民或无立锥之地，贫富始大不均矣。农田以外之土地，古代皆为公有。故《王制》谓"名山大泽不以封"，孟子言"数罟不入污池"，"斧斤以时入山林"。而《周官》有山虞、林衡、川衡、泽虞、迹人、丱人等官。盖凡遵守规则者，皆得取用焉。自土地日辟，成法日坏，亦为私人所有。《史记·货殖列传》所载，以畜牧、种树、煮盐、开矿致富者是也。汉董仲舒言"富者田连阡陌，贫者无立锥之地。又颛川泽之利，管山林之饶"，晁错言商贾"大者积贮倍息，小者坐列贩卖"，"男不耕耘，女不蚕织，衣必文采，食必粱肉"，"因其富厚，交通王侯，力过吏势"。汉世所谓商人，实包含大工业家在内。大地主、大工商，乃当时所谓富者阶级也。

汉人救正之法有二。其于土地，主急进者欲复井田，主渐进者则欲限民名田。终两汉之世，迄未能行。其于大工商家，则法律抑之特甚。《汉书·食货志》言："高祖令贾人不得衣丝乘车，重税以困辱之。孝惠高后时，天下初定，复弛商贾之律，然市井子孙，亦不得仕宦为吏。"又汉时有所谓七科谪者,贾人,故有市籍,父母有市籍,大父母有市籍者皆与焉。《汉书·武帝记》天汉四年注引张晏说。其于农人,则特轻其税。汉初十五税一,文帝除民之田租,至于十有三年。景帝即位,乃令民半出租,为三十而税一。后汉亦仍之。然苟悦谓其"适足以资豪强",晁错谓"法律贱商人,商人已富贵矣;尊农夫,农夫已贫贱矣"。盖其救正之效甚鲜矣。

王莽者,社会主义之实行家也。莽既得志,更命天下田曰王田,奴婢曰私属,皆不得卖买。男口不盈八,而田过一井者,分余田与九族乡党,又立五均司市泉府之官。司市以四时中月,定物平价,物之周于民用而不雠者,均官以本贾取之,物昂贵过平一钱,则以平价卖与民。工商百业,皆除其本,计其利,以十分之一为贡。民欲治产业,或丧祭无费者,泉府以贡之所入贷之,丧祭者无息,治产业者,岁取息无过十一。又行六筦之制,收盐、铁、酒酤、山泽、赊贷、铁布铜冶,皆归诸官。合生产者与消费者,皆思有以剂其平。盖欲一举而复三代盛时之旧矣。然行之既无其法,而吏又因之为奸,遂至"元元失业,食货俱废"。天下大乱,莽卒以亡。自莽之亡,言治者辄引为戒。虽亦知贫富不均为致乱之原,然所行者,率不过弥缝补苴之策,无敢更言清源正本者矣。

王莽变法,虽召大乱,而土地却因乱而渐均。苟悦云:"井田之制,不宜于人众之时,田广人寡,苟为可也。然欲废之于寡,立之于众,土地布列在豪强,卒而革之,并有怨心。则生纷乱,制度难行。若高祖初定天下,光武中兴之后,人众稀少,立之易矣。"观此,可知东汉之初,实有土广人稀之象,向之田连阡陌,又颛川泽之利,管山林之饶者,至此皆因兵燹而丧其所有矣。此其所以获暂安也。

凡一种制度,为人心所同欲,学者所同然,一时虽未克行,久之,未有不见诸施行者。限民名田之论,两汉儒者之公言也。两汉迄未能行，而晋以后行之。晋之户调式，魏之均田令，唐之租庸调法，皆以成年为丁，因男女之异，而受田有差。其所受之田既均，则其所纳之税亦均，乃按户而征之，是曰户调。魏制有桑田露田之别，桑田为世业，露田有还受。盖以在官之荒田授民为露田。其所私有，亦不夺之，则为桑田。孟子曰："五亩之宅，树之以桑。"桑田盖屋庐所在。桑田得卖其盈，亦得买所不足。而不得卖其分，亦不得买过所足。盖欲以渐平均地权也。唐制：还受者曰口分，不还受者曰永业。乡有宽狭，田多可以足其人者为宽乡，不足者为狭乡。田，乡有余以给比乡，县有余以给比县，州有余以给比州。庶人徙乡及无以葬，得卖世业田。自狭乡徙宽乡者，得并卖口分田。其立法弥详矣。然史称开元而后，其法大坏，并兼逾汉成哀。德宗时，杨炎创两税，就其有而取之，虽称救时良法，然制民之产之意，荡焉尽矣。

　　凡天下丧乱之际，必为豪强兼并之时，其故约有数端：田多荒芜，乘机占有，一也；贫者无以自立，或迫于苛税，弃田而去，亦为豪强所占，二也；乱时民或弃农为兵，田益易荒，三也；暴政恒施于小民，民不得不托庇于豪强，四也；吏治苟简，不能摧抑豪强，或且与之结托，五也。唐中叶以后，盖即其时，宋兴，初未能加以救正，故其农民困苦特甚。当时民间借贷，自春徂秋，取息逾倍。宋太祖时尝禁之，见《宋史·食货志》。且谷粟布缕鱼盐薪蒻耰锄斧锜之属，皆杂取之。《宋史·陈舜俞传》。宣仁太后临朝，司马光疏言农民疾苦，有曰："幸而收成，公私之债，交争互夺。谷未离场，帛未下机，已非己有。所食者糠籺而不足，所衣者绨褐而不完，直以世服田亩，不知有何可生之路耳。"其言可谓哀切矣。王安石秉政，欲行方田均税之法，南渡后又有经界之制。然或推行未广，或则有名无实，讫无成效可见。而南宋贵势，肆行兼并，两浙腴田，多落其手。贾似道当国，强买为公田，即以私租为官额。明太祖下平江，恶其民为张士诚守，又以私租为官赋。嗣后虽屡经核减,至于今日,两浙赋额,犹独重于全国。并兼之诒祸,亦可谓烈矣。

明初行黄册鱼鳞册之法,黄册以户为主,以田从之。鱼鳞册则以土田为主,诸原阪坟衍下隰沃瘠沙卤之别毕具。据黄册则知各户所有丁粮,由之以定赋役,而田之所在,则稽诸鱼鳞册而可知。其法本甚精详,使能实行,则户口土田,皆有可考,虽由此进谋平均地权可也。顾积之久,鱼鳞册漫漶不可问,而田所在不可复知。于是黄册亦失实,卒至富者有田而无税,贫者有税而无田,其或田弃粮存,则摊征于细民,责偿于里甲。绅士又为下户代纳赋税,而私其所入,其弊不可胜穷。嘉靖时,乃有履亩丈量之议。神宗初,张居正为相,行之,限三岁竣事。史称豪猾不得欺隐,里甲免赔累,而小民无虚粮焉。清代丁税摊入地粮,但按田征税,而人户之有田无田,及其田之多少,不复过问。地权之均不均,国家遂无从知之矣。

工商之业,在私有财产之世,所以制驭之者,不过税法之重轻;业之大者,实宜收归官营,一以防豪强之兼并,一则国家得此大宗收入,可以减轻赋税,以利穷民,且可兴举大业也。然历代论政之家,狃于三代以前,偏重田租口赋之制,不知此为产业未盛之时之遗法,而以为义所当然。故汉汲黯谓县官但当衣食租税。《汉书·食货志》。晋初定律,酒酤等事,皆别为令,以便承平时废除。《晋书·刑法志》。隋文帝定天下,亦将一切杂税,次第除去。唐中叶后,藩镇擅土,王赋所入无几,国用艰窘,不得不取之杂税。而盐茶等税,乃日增月益,藩镇亦竞收商税,有住税,有过税,亦犹清代军兴时之有厘金也。宋代养兵太多,竭天下之财以给之,此等税遂迄不能除,抑且加重。元、明、清三代,皆沿袭焉。然皆徒为敛财计而已。抑并兼利万民之意,则荡然无复存焉者已。

借贷之事,古者盖由公家司之。孟子谓"春省耕而补不足,秋省敛而助不给"。《梁惠王下》。陈氏齐大夫。以公量贷，而以家量收之，《左传》昭公三年。冯谖为孟尝君收责于薛，尽焚其券以市义，《战国策》。盖皆其事。《史记·货殖列传》谓"子贷金钱千贯者，比千乘之家"。则秦汉时，已有私人恃放债为生者，其后迄亦不绝。赵氏翼《陔余丛考》有一条考之，可见其概。

其以救济为宗旨者，于民食，在汉为常平，在隋为义仓，在宋为社仓。更思推此以充借贷者，则为宋王安石之青苗法。常平之法，创自耿寿昌。盖沿李悝"籴甚贵伤民，甚贱伤农"之说，而思有以剂其平。其法于诸郡筑仓，谷贱时增价以籴，谷贵时减价以粜。民获其利，而官司亦有微赢，诚为良法。然在谷物贸易未盛之时，其策可用。后世食粮之市场益广，而在官之资本甚微，则其效亦寡矣。且其法仅可以平谷价，而不可以充振贷。于是隋长孙平有义仓之法。劝课当社，收获之日，随其所得，出粟及麦，时或不熟，即以振给。既能遍及各地，又令人民自谋，实为最善。然后或移之于县，则全失本意矣。宋以来，乃又有所谓社仓。孝宗乾道四年，建民艰食，朱熹请于府，得常平米六百石，请本乡土居朝奉郎刘如愚，共任赈济。夏受粟于仓，冬则加二计息以偿。自后逐年敛散，或遇少歉，即蠲其息之半，大饥即尽蠲之。凡十有四年，得息，造成仓廒，以元数六百石还府，仍存米三千一百石，以为社仓，不复收息。一乡四十五里间，虽遇凶年，人不阙食，后多有放行之者。《通考》谓"凶年饥岁，人多赖之。然事久而弊，或主之者倚公以引私，或官司移用而无可给，或拘纳息米而未尝除，甚者拘摧无异正赋"。

盖此为人民自治之事，必人民程度高，而后其效可睹也。青苗之法，始于李参。参官陕西，令民隐度谷粟之赢，贷以钱，俟谷熟还官。安石秉政，请以诸路常平广惠仓钱谷，依其例，预借于民，令出息二分，随夏秋税输纳。谓常平广惠之物，收藏积滞，必待年俭物贵,然后出粜,而所及又不过城市游手之人。今通一路有无,贵发贱敛,可以广蓄积,平物价,使农人有以赴时趋事,而并兼者不得乘其急也。当时反对者甚众,大抵谓官吏奉行不善,而朝廷之意,实在借此以取财。予谓青苗立法之意颇善。然实人民自相扶助之事,一经官手,则因设治之疏阔,而监督有所难周,法令之拘牵,于事情不能适合,有不免弊余于利者。此安石所以行之一县而效,行之全国而不能尽善也。王安石尝一度长浙鄞县令,故云。

　　平均市价之事,后世无之。汉桑弘羊行均输之法,借口百物由官贩鬻,则富商大贾,无所牟大利,则反本而万物不得腾跃,故抑天下之物,名曰平准。然其意实在理财而已。宋神宗时,尝置市易务。凡货之可市及滞于民而不售者,平其价市之,愿以易官物者听。若欲市于官,则度其抵而贷之钱,责期使偿,半岁输息十一,及岁倍之。以吕嘉问为都提举市易司,诸州市易司皆隶焉。颇近王莽之司市泉府,其事亦卒不能行。盖后世商业日盛,操纵非易也。

　　自王莽以后,以国家之力,均平贫富,无复敢萌此想者。然特谓其事不易行而已,固非谓于理不当行。读王安石之《度支厅壁题名记》,可见其略。安石之言曰:"合天下之众者财,理天下之财者法,守天下之法者吏也。吏不良,则有法而莫守,法不善,则有财而莫理。有财而莫理,则阡陌闾巷之贱人,皆能私取予之势,擅万物之利,以与人主争黔首,而放其无穷之欲,非必贵强桀大,而后能如是。而天子犹为不失其民者,盖特号而已耳。虽欲食蔬衣敝,憔悴其身,愁思其心,以幸天下之给足而安吾政,吾知其犹不得也。然则善吾法而择吏以守之,以理天下之财,虽上古尧舜,犹不能毋以此为急,而况于后世之纷纷乎。"此等见解,盖非特安石有之,此现今之社会主义,所以一输入,遂与吾国人深相契已。然其行之如何,则固不可不极审慎矣。

第四讲　农工商业

人类资生，莫急于食，取食之方，有仅为目前之计，其技几于不学而能者，水渔山猎，及取天然之草木以为食是也；有必待稍知久远之计，勤苦尽力而后能得之者，畜牧种植是也。《礼运》曰："昔者先王未有火化，食草木之实，鸟兽之肉，饮其血，茹其毛。"盖我国疆域广大，偏北之地，气候物产，近于寒带；偏南之地，则近热带。故取资动植，以给口实者，一国之中，兼有之也。古称三皇曰燧人、伏羲、神农。燧人之功，在能攒（钻）木取火，教民熟食。伏羲之号，盖以能驯伏牺牲。"神农"二字，本古农业之通称。如《月令》言"水潦盛昌，神农将持功"。又古言神农之教，乃农家言，非谓炎帝之教令也。盖至此三君之世，而我国民始渐习于畜牧种植之业矣。神农以后，农业日重。《尧典》载尧命羲和四子，历象日月星辰，敬授民时。授时者，古代农政之要端也。《禹贡》备载九州土性，分为九等，固未必真禹时书，亦无以断其所录非禹时事。《无逸》一篇，历述殷周贤王，中宗、高宗、祖甲、大王、王季、文王，多重农之主。此篇出周公之口。《生民》、《笃公刘》，亦周人自述先世之作。此皆信而有征，观此知唐虞三代之世，我国农业，业已盛行矣。

农业既盛，而渔猎畜牧之事遂微。田猎仅行之农隙，以寓讲武之意。渔则视为贱业，为人君所弗亲。可看《左传》隐公五年，臧僖伯谏观鱼之辞。牧业如《周官》所设牧人、牛人、充人、羊人、犬人等，皆仅以供祭祀之用。惟马政历代皆较注重，则以为交通戎事所资也。此以设官论，至于民间，亦因重视农业，地之可供畜牧，民之从事畜牧者少，故仅盛于沿边。内地则谷量牛马者，几于绝迹矣。

　　蚕业兴起，略与农业同时。《农政全书》引《淮南蚕经》，言黄帝元妃嫘祖，始育蚕治丝茧。说固未可尽信。然《易·系辞传》言："黄帝尧舜，垂衣裳而天下治。"疏曰："以前皮衣，其制短小，今衣丝麻布帛，所作衣裳，其制长大，故言垂衣裳也。"《虞书》亦有"以五采章施于五色作服"之文。知黄帝尧舜时，蚕织必已发明矣。三代之政，天子亲耕，后亲蚕。"五亩之宅，树之以桑"。男耕女织并称本业，至于今未替。此其所以能以丝织，著闻五洲也。然古代蚕利，盛于西北，而后世惟盛于东南。偏僻之处，且有绝不知纺织之利者。此则疆域广大，各地方风气不齐，而治化亦不能无进退故也。<small>清知襄阳府周凯，尝劝民种桑。其言曰："《禹贡》兖州曰桑土既蚕，青州曰厥篚檿丝。"檿，山桑也。杨徐东南亦仅曰厥篚织贝，厥篚玄纤缟而已。《诗·豳风》："蚕月条桑。"《唐风》："集于苞桑。"《秦风》："止于桑。""桑者闲闲"，咏于魏。"鸤鸠在桑"，咏于曹。"说于桑田"，咏于卫。利不独东南也。襄阳介荆豫之交，荆州厥篚玄纁玑组，豫州厥篚纤纩。纩，细绵也。纁绛币组绶属，皆丝所织。北燕冯跋下书令百姓种桑。辽无桑，慕容廆通晋求种江南。张天锡归晋，称北方之美，桑葚甘香。《先贤传》载司马德操躬采桑后园，庞士元助之。《齐书》载韩系伯桑阴妨他地，迁界，邻人愧谢。三子皆襄阳人，襄之宜桑必矣。《日知录》曰：今边郡之民，既不知耕，又不知织。虽有材力，而安于游惰。引华阴王宏撰著议，谓延安一府，布帛贵于西安数倍。又引《盐铁论》，边民无桑麻之利，仰中国丝絮。夏不释复，冬不离窟。崔寔《政论》，五原土俗，不知缉绩。冬积草，伏卧其中。若见吏，以草缠身。谓今大同人，多是如此。妇人出草，则穿纸裤。</small>

　　我国农业之进化，观其所植之物，及其耕作之精粗，可以知之。古曰百谷，亦曰九谷、<small>郑司农云：黍稷秫稻麻大小豆大小麦。康成谓无秫大</small>

麦,而有粱苽。见《周官·大宰》注。五谷。黍稷粟麦稻。盖其初以为主食
之品甚多,后乃专于九,专于五也。今则以稻麦为主矣。古者一夫
百亩,又有爰田之法。爰即换字。《公羊》宣十五年何注:上田一岁一垦,中
田二岁一垦,下田三岁一垦。《周官·大司徒》:不易之地家百亩,一易之地家
二百亩,再易之地家三百亩。其所获则"上农夫食九人,其次食八人,其
次食七人,其次食六人。下农夫食五人"。《孟子·王制》。今日江南,
上农所耕,不逮古者三之一,其所食,未有以逊于古也。此盖积时久
则智巧渐开,人口增,土地少,则垦治之法日密。乃社会自然之进步
也。然亦有不逮古者二端。一古国小,设官多,为治密,故有教民稼
穑之官,亦多省敛省耕之事。《噫嘻》郑笺谓三十里即有一田畯主
之,其精详可想。汉世乡有啬夫,犹存遗意。魏晋而后,此制荡然。
耕植之事,一任人民自谋,官不过问,士之讲农学者绝少,有之亦不
能播其学于氓庶。凡事合才智者以讲求,则蒸蒸日上。听其自然,
未有不衰敝者也。此其一也。一则古代土地,属于公有,故沟洫陂
渠,易于整治。后世变为私有,寸寸割裂,此等事,遂莫或肯为,亦莫
或能为。而如人民贪田退滩废堰,滥伐林木等,又莫之能禁。利不
兴,弊不除,农事安得不坏。古代农业,西北为盛。后世大利,皆在
东南。唐都长安,宋都汴梁,元、明、清都北平,无不仰东南之转漕
者,以东南天然之利厚,而西北有待于人力者大。人事荒,故农业盛
衰,随之转移也。此又其一也。历代农业升降之原,二者盖其大
端也。

　　古代教稼之法,今略见于《周官》。如大司徒"辨十有二壤而知其
种"。司稼"巡邦野之稼,而辨穜稑之种,周知其名,与其所宜地以为法,而悬于
邑间"。此辨土壤择谷种之法也。草人"掌土化之法,以物地相其宜,而为之
种"。此变化土壤之法也。其农书,则《管子》之《地员》,《吕览》之《任
地》、《辨土》、《审时》,其仅存者,惜不易解。汉世农书,以氾胜之为

最，今亦无传焉。今所传者，以后魏贾思勰《齐民要术》为最古。后来官修之书，如元之《农桑辑要》，清之《授时通考》；私家巨著，如元王桢之《农书》、明徐光启之《农政全书》，皆网罗颇广，如蚕桑菜果树木药草孳畜等，皆该其中。田制劝课救荒等，亦多详列。即不皆有用于今，亦足考昔日耕耘之法。

《管子》言葛卢雍狐之山，发而出水，金从之，蚩尤受而制之以为兵。《地数》。此盖矿业初兴，尚未知取之于地。又述伯高对黄帝之言，谓"上有丹砂者，下有黄金。上有慈石者，下有铜金。上有陵石者，下有锡铅赤铜。上有赭者，下有铁。此山之见荣者也"。则已知察勘矿苗之法矣。《管子》东周之书，其时盖已有此法。其托之伯高，盖不足信。汉有司言"黄帝作宝鼎三，禹收九牧之金铸九鼎"。《汉书·郊祀志》。而《易·系辞传》言黄帝尧舜之时，"弦木为弧，剡木为矢"。《禹贡》荆州之贡，"砺砥砮丹"。贾逵曰"砮，矢镞之石也"。则其时之金，特用以铸重器。至春秋时，乃以之作兵。《左氏》僖公十八年，"郑伯始朝于楚，楚子赐之金。既而悔之，与之盟，曰无以铸兵"是也。斯时之农器，则多以铁为之。《管子》书所言其事，秦汉之世犹然。故贾生说汉文收铜勿令布，而曰"以作兵器"。汉武筦盐铁，而文学以为病民也。曹魏以后，乃多以铁作兵，而铜兵渐少。详见《日知录》卷十一。工业在古代，较重难者，皆由官营。其简易者，则人人能自为之。《考工记》曰："粤之无镈，燕无函，秦无庐，胡无弓车。粤之无镈也，非无镈也，夫人而能为镈也。燕之无函也，非无函也，夫人而能为函也。秦之无庐也，非无庐也，夫人而能为庐也。胡之无弓车也，非无弓车也，夫人而能为弓车也。"注曰："人人皆能作是器，不须国工。"此简易之工，人人能自为之之说。其设官"曰某人者，以其事名官。曰某氏者，官有世功，若族有世业，以氏名官者也"。此则重难之工，国家设官治之者也。此盖古代自给自足之遗制。其后交通日繁，贸易日盛，一国所造之物，或为外邦所需，或可不造而求之于外。人民智巧日进，能自造械器者亦多。则设官制器之事，不复可行，而其制渐废矣。中国夙以节俭为训，又其民多农业，安土重迁，故其器率贵坚牢朴质，奇巧华美非所尚，间或有之，则智巧之士特出心裁。达官世家，豪民驵贾，日用饮食，殊异于人。重赏是怀，良工竞劝，为是以中其欲耳。夫智巧由于天授，而人云亡而其技亦湮。衒鬻专于一家，则制虽工而其传不广。此皆无与工业之进化。工业之进化，当观多数人之用器，比较其精粗良楛而得之。如古人率用几席，无后世之桌椅，宋以后渐有之。然民国初元，濮阳宋古城发见，民家所用桌椅，率多粗恶，较诸今日，精粗几不可以道里计，又其所用陶器，亦较今世为粗，此则工业进化之一端也。

　　古代小部落，率皆自给自足，故商业无由而兴。《老子》谓："邾治之极，邻国相望，鸡犬之声相闻，民各甘其食，美其服，乐其业，至老死不相往来。"《盐铁论》曰："古者千室之邑，百乘之家，陶冶工商，四民之求，足以相更。"《权修》。则此时代之情形也。交通日便，往来日繁，则贸迁有无之事起。最初所行，大抵如现在之作集。《易·系辞传》言，神农氏"日中为市，致天下之民，聚天下之货，交易而退，各得其所"是也。《酒诰》言农功既毕，"肇牵车牛远服贾"。《郊特牲》言"四方年不顺成，八蜡不通"。皆可见其贸易之有定时。其后社会日进，有资于通工易事者日多，则商业亦日盛。商人分两种，行货曰商，居货曰贾。贾大率在国中。《考工记》："匠人营国，面朝后市。"又有设于田野之间，以供人民之需求者。《公羊》何注"因井田而为市"《公羊传》宣公十五年。是也。《孟子》谓："有贱丈夫焉，必求龙断而登，以左右望而罔市利。"龙断谓冈陇之断而高者，亦可见其在田野之间矣。其行货者，则必远适异国。如《左氏》所载郑商人弦高是。《左传》僖公三十三年。此等人周历四方，见闻较广，故其才智颇高。弦高之能却秦师,即其一证。

隆古社会,本皆自给自足,有求于外者,非淫侈之品,则适逢荒歉之时耳。惟所贩鬻,本多淫侈之品,故当时之商人,多与王公贵人为缘。如子贡结驷连骑,以聘享诸侯。《史记·货殖列传》。汉晁错谓当时商人,交通王侯,力过吏势是也。其当本国空无之时,能远适异国,以求得其物者,则于国计民生,所关甚大。郑之迁国,实与商人俱。《左传》昭公十六年。岂不以新造之邦,财用必患不足,不得不求之于外哉! 斯时之商贾,实生产消费者之友,而非其敌也。其后则渐不然。《管子》曰:岁有四秋。四秋即四次收获也。农事作为春之秋,丝纩作为夏之秋,五谷会为秋之秋,纺绩缉缕作为冬之秋。物之轻重,相什而相百。《管子·轻重乙》。又曰:岁有凶穰,故谷有贵贱,令有缓急,故物有轻重。然而人君不能治,故使畜贾游于市。乘民之急,百倍其本。《管子·国畜》。至此,则商人日朘生产消费者以自肥,始与公益背道而驰矣。然分配之机键,操其手中,非有新分配之法,商人固未易废除也。

商业之演进,不征诸富商大贾之多,而征诸普通商人之众。普通商人众,则分工密,易事繁。社会生计,互相依倚,融成一片矣。《史记·货殖列传》,谓关中自秦汉建都,"四方辐凑,地小人众,故其民益玩巧而事末"。又谓"邹鲁地小人众,好贾趋利,甚于周人"。以地小人众而为商,其必负贩之流,而非豪商大贾明矣。古代之市,皆自为一区,不与民居相杂。秦汉而降,此意仍存。如《三辅黄图》谓长安市各方二百二十六步,六市在道西,四市在道东。《唐书·百官志》,谓市皆建标筑土为候,日击鼓三百以会众,日入前七刻,古者每昼夜分为十二小时,每时分为十刻,每刻分为十二分。击钲三百而散。《辽史》谓太祖置羊城于炭山北,起榷务,以通诸道市易。太宗得燕,置南京,城北有市,令有司治其征。余四京及他州县货产懋迁之地,置示如之是也。邸肆民居，毫无区别，通衢僻巷，咸有商家，未有如今日者。此固由市制之益坏，亦可见商业之日盛也。

中外通商，亦由来已久，且自古即颇盛。《货殖列传》述栎邑、巴蜀、天水、陇西、北地、上郡、杨、平杨（阳）、上谷至辽东等，与外国接壤之处，商利几无不饶。汉初两粤，尚同化外，西域尤绝未闻知。而枸酱竹杖，既已远至其地，商人之无远勿届，亦可惊矣。西域既通，来者益多。罽宾杀汉使，遣使谢罪，汉欲遣使报送，杜钦言其"悔过来，而无亲属贵人奉献者，皆行贾贱人，欲通货市买，以献为名"。钦述当时西域之道，险阻为害，不可胜言。而贾胡犹能矫其君命，远来东国，其重利可谓甚矣。自此至南北朝，中国与西域之交通，虽或盛或衰，而讫未尝绝。史所云绝者，以国交言之。若民间之往来，则可谓终古未绝也。隋唐之世，国威遐畅，来者尤多，元代地跨欧亚，更不必论矣。唐、宋、元、明中外通商情形，可参考《蒲寿庚传》一书。日本桑原骘藏《东洋史要》曰："东西陆路之互市，至唐极盛，先是隋炀帝时，武威、张掖、河西诸郡，为东西交易之中枢。西方贾人，来集其地者，溢四十国。唐兴，中亚天山南路之路开，西方诸国，来东方通商者益盛。支那人之商于中亚波斯印度者亦不少。素谙商业之犹太人，乘机西自欧非，东至支那印度间，商权悉归掌握，或自红海经印度洋，来支那之南海。或自地中海东岸之安地凹克，经呼罗珊、中亚、天山南路来长安。及大食勃兴，阿剌比亚人渐拓通商之范围，无论陆路海路，世界商权，殆在其掌中。"又曰："自蒙古建国，四方割据诸小国悉灭，商贾往来日便，又新开官道，设驿站，分置守兵，旅客无阻。东西两洋之交通，实肇于此。是时西亚及欧洲商人，陆自中亚经天山南路，或自西伯利亚南部经天山北路，而开贩路于和林及燕京。波斯与印度及支那之间，海上交通亦日繁，泉州、福州诸港，为世界第一贸易场，外人来居其地者，以万数云。"

海路通商,似亦先秦即有之。《史记·货殖列传》言番禺为珠玑、瑇瑁、果、布之凑,此即后世与外国交易之品也。自秦开南海、桂林、象郡,今安南之地,自广和以北,悉在邦域之中。<small>广和,即后来据地自立之林邑也。</small>桑原氏云:"当时日南交阯,为东西洋交通中枢。西方贾人,多集其地。时则罗马商船,独专印度洋航权。及佛教东渐,锡兰及南洋诸国,与支那道路已通。支那海运,因而渐兴,经爪哇、苏门答剌至锡兰之航路,遂归支那人手。历南北朝至唐初叶,支那商船更推广其航路。或自锡兰沿西印度海岸入波斯湾,或沿阿剌伯海岸至亚丁。当时锡兰为世界商业中枢,支那人、马来人、波斯人、哀西比亚人等,交易于斯。及大食兴,非洲西亚沿岸及印度河口港湾,前后归其版图,阿剌比亚人与其属波斯人、犹太人,益恢张海运,东经南洋诸国,通商支那,代支那人而专有亚细亚全境之航权。日本历千三百五十年顷,<small>周武后天授中。</small>阿剌比亚人,商于广州、泉州、杭州者以万数,唐于诸港置提举市舶之官,征海关税,为岁入大宗。"案国史于南方诸国,记载最详者,当推《宋》、《梁》、《唐》三书。所记诸国,大抵为通市来者也。互市置官,始于隋之互市监,而唐因之。市舶司之置,新旧《书》、《六典》皆不载。《文献通考》曰:唐有市舶使,以右威卫中郎将周庆立为之。唐代宗广德元年,有广州市舶使吕太一。案庆立见《新唐书·柳泽传》。吕太一事,见《旧唐书·代宗纪》。又《新书·卢怀慎传》:"子奂……天宝初,为南海太守……污吏敛手。中人之市舶者,亦不敢干其法,远俗为安。"然则唐市舶使之置,多以武人宦官为之。赎货无厌,以利其身,损国体而敛怨于远人。云为岁入大宗,盖东史臆度之语。泉杭诸州,曾置市舶,史亦无文。谓于诸港皆置提举,亦不审之谈也。及宋代而设置渐多,其可考者,有杭、明、温、秀、泉、广诸州,及华亭、江阴、板桥。<small>镇名,属密州,即今青岛也。</small>所税香药犀象,往往以酬入边,充钞本。始真于国用有裨矣。元、明二代，亦皆有之。元设于上海、澉浦、杭州、庆元、温州、泉州、广东，凡七处。时有省置，明洪武初，设于太仓黄渡，寻罢。复设于宁波，以通日本，泉州以通琉球，广州以通占城暹罗及西洋。永乐中，又常设交阯、云南市舶提举司。元代甚重视木棉之培植，故江浙一带设有提举司一职，专司一切提倡木棉事务。明之设司，意不在于收税，而在以此抚治诸夷，消弭衅隙，此其时倭寇方张也。宋、元二代，海路所通颇远，明祖御宇，亦使驿四通。陆路远至天方，海路几遍今南洋群岛。成祖之遣郑和下西南洋，事在永乐三年，即西历一千四百有五年。哥伦布得亚美利加，事在西历千四百九十三年，当明孝宗弘治六年。后于和者，实八十八年也。自郑和航行后，中国之声威，颇张于海表。华人之谋生南洋者不少，且有作蛮夷大长者。新大陆既发现，西人陆续东航，而通商之情形，乃一变矣。其详更仆难穷，其大略则人多知之。其利害又当别论。今不具述。

第五讲 衣食居处

《礼记·礼运》曰："昔者先王未有宫室,冬则居营窟,夏则居橧巢。未有火化,食草木之实,鸟兽之肉,饮其血,茹其毛。未有麻丝,衣其羽皮。后圣有作,然后修火之利,范熔铸也。金合土,以为台榭宫室牖户。以炮以燔,以烹以炙,以为醴酪。治其麻丝,以为布帛。"此总述古代衣食居处进化之大略也。所谓先王,盖在伏羲以前,所谓后圣,则在神农以后,何以知其然也。《礼运》又曰:"夫礼之初,始诸饮食,其燔黍而捭豚,污尊而抔饮,蒉桴而土鼓,犹若可以致其敬于鬼神。"疏引《明堂位》:"土鼓蒉桴,伊耆氏之乐。"《乾凿度》云伊耆氏为神农,断此为神农之事。《世本》曰:"伯余作衣裳。"亦见《淮南子·氾论》。伯余黄帝臣,《易·系辞传》:"黄帝尧舜,垂衣裳而天下治。"疏曰:"以前衣皮,其制短小。今衣丝麻布帛所作衣裳,其制长大,故曰垂衣裳。"《传》又言:"上古穴居而野处,后世圣人易之以宫室。"同蒙上黄帝尧舜而言。《淮南·修务》亦云:"舜作室筑墙茨屋。"知衣食居处之进步,必先在炎黄尧舜之世矣。

古人食草木之实,鸟兽之肉,其物较少,不足以饱。乃于食肉之外,兼茹其毛。见《礼运》疏。果实之外,亦兼茹菜,是谓疏食,_{疏今作}"蔬"。亦曰素食。《墨子·辞过》曰:"古之民,素食而分处,圣人作,诲男耕稼树艺,以为民食。"故谷食者,疏食之进化也。谷食始称百谷,继则九谷,继称五谷。盖其初用以充食之物甚多,渐次去其粗而存其精,是则所谓嘉谷也。此又谷食中之进化也。

既进于农业之世,则肉食惟艰,故必贵人耆老,乃得食肉。《孟子》:鸡豚狗彘之属,无失其时,七十者可以食肉矣。庶人所食,鱼鳖而已。见《诗·无羊》疏。《盐铁论·散不足》曰:"古者燔黍食稗而捭(捭)豚以相饷,其后乡人饮酒。老者重豆,少者立食。一酱一肉,旅饮旅饮即轮转互饮也。而已。及其后宾昏相召,则豆羹白饭,綦脍孰肉。"今民间酒食,肴旅重叠,燔炙满案。古者庶人粝食藜藿,非乡饮酒滕腊祭祀无酒肉。诸侯无故不杀牛羊,大夫无故不杀犬豕。今闾巷阡陌,无故烹杀,负粟而往,易肉而归。古者不鬻饪,不市食。其后则有屠沽,沽酒市脯,鱼盐而已。今熟食遍列,肴旅即杂列重叠之意,言其繁也。成市云云。可见汉时饮食远较古代为侈。然《论衡·讥日》谓海内屠肆,六畜死者,日数千头。则较诸今日不过十一之于千百耳。《隋书·地理志》谓梁州汉中,"性嗜口腹,多事佃渔,虽蓬室柴门,食必兼肉"。已非汉时所及矣。可见人民生活程度,无形之中,日渐增高也。

饮食之物,随世而殊。如古人食肉,犬豕并尚,后世则多食豕。古调羹用盐梅,秦汉则用盐豉。见《左氏》昭公二十年疏。盐之豆豉。今湘赣亦兼有用淡豆豉以调羹者,苏浙不多见。古人刺激之品,惟有酒及荤辛。《仪礼·士相见礼》:"夜侍坐,问夜,膳荤,请退可也。"注:"膳荤,谓食之荤辛物葱薤之属,食之以止卧。"案葱韭气荤而味非辛。故郑言之属以该之辛,如姜桂是也。郑兼言辛,见膳荤亦得兼及辛。后世则兼有茶烟。古食甘止有饴,后世乃有蔗糖。此等或因生业之不同,或因嗜好之迁变,或因中外交通,食品增多,未易一一列举矣。

酿酒盖起虞夏之世。《战国策》曰:"仪狄作酒,禹饮而甘之。"《明堂位》谓"夏后氏尚明水",其征也。神农之世,污尊抔饮,盖饮水而已。疏谓凿地盛酒，恐非。

古无"茶"字，只有"荼"字。"荼"见于《诗》者，或指苦菜，或指茅秀，或指陆草，皆非今之茶。惟《尔雅》释木"槚，苦荼"。注曰："树小如栀子，冬生叶，可煮作羹饮。今呼早采者为荼，晚取者为茗。一名荈，蜀人名之苦荼。"此字虽亦从草从余，而所指实为今之茶。盖茶味亦苦，故借苦菜之名以名之。复乃变其韵而成两字。王褒《僮约》："武都买茶。"张载《登成都白菟楼诗》"芳茶冠六清"，孙楚诗"芦桂茶荈出巴蜀"。《本草衍义》："晋温峤上表，贡茶千斤，茗三百斤。"《三国吴志·韦曜传》"密赐茶荈以当酒"。《世说新语》："王濛好饮茶，客至，尝以是饷之。"则饮茶始于蜀，先行于南方，至唐时乃遍行全国。故《唐书·陆羽传》，谓羽著《茶经》三篇，天下益知饮茶，而茶税亦起唐世也。然金章宗时，尝以茶皆市于宋，费国用而资敌，置坊自造。其后坊罢，又限七品以上，方得饮茶，则尚不如今日之盛也。

蔗糖之法，得自摩揭陀。见《唐书·西域传》。大徐《说文》新附中，始有"糖"字，糖乃从米，训以饴而不及蔗，则宋初尚未大盛。至王灼撰《糖霜谱》，始备详其法焉。

烟草来自吕宋，漳州莆田人始种之，盛行于北边。谓可避瘴，崇祯末尝禁之，卒不能绝，禁旋弛。王肱《枕蚓庵琐语》、张岱《陶庵梦忆》，皆谓少时不识烟草为何物。则其盛行，实在明末弛禁之后也。然是时吸食之法，尚不如今日之便。张岱谓大街小巷，尽摆烟草。黄玉圃《台海使槎录》，谓"鸦片烟用麻葛同雅土切丝，于铜铛内剪成鸦片拌烟，另用竹筒，实以棕丝，群聚吸之，索值数倍于常烟"。中国人之吸鸦片，本由吸烟引起。观张、黄二氏之说，则当初之吸烟，殆亦如后来之吸鸦片也。

鸦片由吸烟引起，说见日本稻叶君山《清朝全史》。案罂粟之名，昉见《开宝本草》。又曰，一名米囊。而唐雍陶《西归出斜谷诗》

曰："万里客愁今日散，马前初见米囊花。"则唐时已有其物。然自明以前皆作药用。清雍正朱批谕旨，七年"福建巡抚刘世明奏，漳州知府李国治，拿得行户陈远，私贩鸦片三十四斤，拟以军罪。臣提案亲讯，陈远供称，鸦片原系药材，与害人之鸦片烟，并非同物。当传药商认验，佥称此系药材，为治痢必须之品，并不能害人，惟加入烟草同煎，始成鸦片烟。李国治妄以鸦片为鸦片烟，甚属乖谬，应照故入人罪例，具本题参奏"云云。则知当时吸食鸦片，尚未与烟草相离也。制烟膏之法，见明王玺《医林集要》亦以作药用。岂雍正以后，吸食鸦片之禁日严，有瘾者欲吸不得，乃代之以药，而成后来之吸法欤。

未有麻丝以前，衣之材料有二。一《礼运》所谓衣其羽皮，此为皮服。一则如《郊特牲》之黄衣黄冠，《诗》之台笠，所谓卉服也。有麻丝以后，此等材料，乃逐渐淘汰。至其裁制，则最初有者，为后世之韨，亦曰韠。郑注《乾凿度》谓"古者佃渔而食，因衣其皮，先知蔽前，后知蔽后"是也。《诗·采菽》疏引。夫但知蔽前为韨，兼知蔽后，则为裳矣。裳有袪机而短则为裈。《事物记原》，裈，汉晋名犊鼻。姚令威曰：医书膝上二寸为犊鼻。盖裈之长及此。长其袪则为袴。《说文》作绔，曰胫衣也。蔽上体者曰衣。连衣裳而一之为深衣。详见《礼记·深衣》、《玉藻》两篇。裳幅前三后四，朝祭之服，襞绩无数。丧服三襞绩，深衣之裳，前后皆六幅不襞绩。衣之在内者短曰襦，长曰衫，长而有著者曰袍。古朝祭之服，皆殊衣裳，深衣则否。然惟庶人即以为吉服。汉以后，渐去衣裳，径以袍为外服，而其便服转尚裙襦，遂渐成今世之服矣。详见任大椿《深衣释例》。《唐书·车服志》："中书令马周上议，礼无服衫之文，三代之制有深衣。请加襕袖褾襈，为士人上服。开胯者曰缺〔胯〕袴，庶人服之。"《类篇》：衣与裳连曰襕。褾，袖端也。襈，缘也。《事物记原》曰："缺胯衫，今四胯衫。"

作事以短衣为便，古今皆然。《曲礼》曰："童子不衣裘裳。"《内则》曰："十年，衣不帛，襦袴。"衣不帛句绝。疏谓"不以帛为襦袴"，误矣。二十可以衣裘帛，则亦二十而裳。不言者，与上互相备，古人语法如此。故戴德《丧服变除》，童子当室，自十五至十九。其服深衣不裳也。武人之服亦然。故杜预释跗注曰：若袴而属于跗。《左传》成公十六年。不径曰袴者，袴不皆属于跗也。此即后世之袴褶。魏晋以后，为车驾亲军，中外戒严之服。王静庵以为皆出于胡，见《观堂集林·胡服考》。误矣。中国服饰，惟靴确出于胡，见《陔余丛考》。古人则夏葛屦，冬皮屦也。见《士冠礼》。曾三异《同话录》曰："近岁衣制，有一种，长不过腰，两袖仅掩肘，名曰貉袖。起于御马院圉人，短前后襟者，坐鞍不妨脱著，以其便于统驭也。"此今之马褂也。裲裆，《玉篇》曰："其一当胸，其一当背。"《广雅》谓之袙腹，宋时谓之背子。见《石林燕语》。此为今之坎肩。见《陔余丛考》。加于首者，最尊者为冕，以木为干，用布衣之。上玄下朱，前俯后仰，黈纩塞聪。《东京赋》薛综注：黈纩，以黄绵，大如丸，悬冠两边，当耳。案后以玉曰瑱。垂旒蔽明，盖野蛮时代之饰。弁如冕，前后平，以皮革韦等物为之，冠以敛发，《说文》。略如后世之丧冠。中有梁，广二寸，秦始皇改为六寸，汉文帝增为七寸，而梁始广，而古制不可见矣。详见江永《乡党图考》。冠之卷曰武，缨以组二属于武，合结颐下。有余则垂为饰，是曰緌。冠为士服。古者男女必冠，以露发为耻。故子路谓君子死，冠不免，结缨而死。后世官吏获咎者，每称免冠谢过。庶人则以巾。巾以覆髻曰帻。带有大带、革带。大带以素丝为之，以束腰，垂其余为饰，谓之绅。《左传》桓公二年疏。革带在大带上，为杂佩所系。佩有德佩、事佩。德佩，玉也。事佩，如《内则》所云纷帨小觿之属。纷帨，即今之手帕也。小觿，解结之具。袴之外有行縢，亦曰邪幅。袜，初亦以革为之。故见尊者必跣，后则惟解屦耳。

古无棉布，凡布皆麻为之。所谓絮纩，皆今之丝绵也。裘之制，则因贵贱而不同，详见《礼记·玉藻》。古人衣裘，皆毛在外，故曰："虞人反裘而负薪，彼知惜其毛，不知皮尽而毛无附。"裘上有衣，时曰裼衣。开裼衣露其裘曰裼，掩之曰袭。无裼衣为表裘，为不敬。故曰"表裘不入公门"。《玉藻》。袗、袗、襌也。袗，绤绤之外袍也。绤、音chī。绤音 xì。亦然。惟犬羊之裘不裼。贱者衣褐。褐，毛布也。木棉，宋以前惟交广有之。宋末元初，其种乃入江南。有黄道婆，自崖州至松江，教纺织之法，其利遂遍全国。《陔余丛考》。

古丧服以布之精粗为序，非以其色也。斩衰三升，_{约二百余支纤维为一升。}齐衰四升、五升、六升，大功七升、八升、九升，小功十升、十一升、十二升，缌麻十五升去其半，至十五升则为吉布，为深衣。然其色亦白。故《诗》曰"麻衣如雪"。素服亦白色。周之大札、大荒、大灾，《周官·司服》。或以绢为之，与丧服非同物。古王公大人，服有采章，无爵者皆白，故白衣为庶人处士之称，然王公大人，初非不著白衣也。宋程大昌《演繁露》谓："南齐桓（垣）崇祖守寿春，著白纱帽，肩舆上城。今人必以为怪。乐府《白纻歌》曰：'质如轻云色如银，制以为袍余作巾。'""今世人丽妆，必不肯以白纻为衣，古今之变，不同如此。《唐六典》：天子服有白纱帽，其下服如裙襦袜，皆以白，视朝听讼，燕见宾客，皆以进御，犹存古制。然其注云，亦用乌纱。则知古制虽存，未必肯用，习见忌白久矣。"愚案欧洲古平民只许衣黑，革命之后，乃并贵人皆黑衣。_{见康有为《欧洲十一国游记》。}中国古代平民只衣白，阶级崩坏，乃并许平民衣采章，似以中制为得也。

未有宫室以前，居处因寒暑而异。《礼运》：冬则居营窟，夏则居橧巢。注云："寒则累土，暑则聚柴薪居其上。"《诗》曰："古公亶父，陶复陶穴。"疏曰："平地累土谓之复，高地凿坎谓之穴。其形如陶灶。"此即所谓寒则累土。《孟子》曰"下者为巢"。此即聚柴薪而居其上之类也。《墨子·节用》曰："未有宫室之时，因陵丘堀穴而处，圣王虑之，以为堀穴，冬可以避风寒，逮夏，下润湿，上熏蒸，恐伤民之气，于是作为宫室而利。"宫室之所由兴如此。然栋梁之制，实原于巢居。墙壁之制，则原于穴居者也。

古之民，盖居水中洲上，州、岛同音，州、洲实一字也。明堂称辟雍。雍者，壅之古字。西北积高，则称雍州。辟即璧。玉肉好若一曰璧，璧形圜，言其四面环水也。后世之城，率绕之以池，盖犹沿邃古之制。城方大国九里，次国七里，小国五里。《考工记》。皆筑土为之。时曰墉，墉之上为垣，称睥睨。亦曰陴，亦曰女墙。《释名》。城皆以人力为之。其外曰郭，亦曰郛，则依山川，无定形。焦循《群经宫室图》。郭之内为郊，犹称国中，其外则为野鄙。匠人营国，面朝后市。内有九室，九嫔居之。外有九室，九卿朝焉。案天子诸侯，皆有三朝。最南为外朝，在皋门诸侯曰库门。之内，应门诸侯曰雉门。之外。应门之内曰治朝，其内为路门，路门之内为燕朝，燕朝之后为寝，寝之后为宫。宫寝之间，为内宫之朝。内九室当在于是，外九室则当在治朝也。其余尚有官府次舍，不能确知其处。应门之旁有阙，亦曰观，亦曰象魏，为悬法之地。天子外阙两观，诸侯内阙一观。见《公羊》昭二十五年《解诂》。家不台门，见《礼器》。路门之侧为塾，民居二十五家为闾，闾之两端有门，其侧亦有塾，为教学之地。

路寝之制，前为堂，后为室。堂之左右为两夹，亦曰厢。东厢之东曰东堂，西厢之西曰西堂。室之左右为东西房，其北曰北堂，牖户之间谓之房。室西南隅为奥，户在东，西南隅最深隐，故名，尊者常处焉。西北隅谓之屋漏，日光所漏入也。东北隅谓之宧，宧，养也。盖饮食所藏。东南隅谓之窔，亦隐暗之义。此为贵族之居。晁错论募民徙塞下，谓古之徙远方，"先为筑室，家有一堂二内"。此近今日中为堂，左右为室之制。盖平民之居然也。

《尔雅》曰：“阇谓之台。”注：“积土四方。”有木者谓之榭。注：“台上起屋。”又曰：“四方而高曰台，狭而修曲曰楼。”则今日之楼，非周以前所能为。《孟子·尽心》：“孟子之滕，馆于上宫。”赵注：“上宫，楼也。”可以为馆，则似今日之楼。而非前此之台榭，仅供眺望者矣。恐不足信。然亦可见邾卿时，已有今日之楼也。

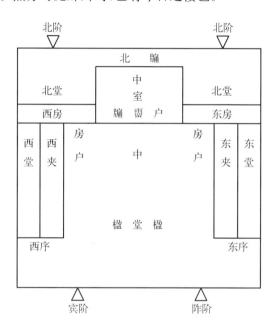

《儒行》称“一亩之宫，环堵之室，筚门圭窬，蓬户瓮牖”。可想见古代民居之简陋。然《月令·季秋》：“乃命有司：寒气总至，民力不堪，其皆入室。”《诗》：“十月蟋蟀，入我床下。穹窒熏鼠，塞向墐户。嗟我妇子，曰为改岁，入此室处。”《公羊解诂》亦曰：“吏民春夏出田，秋冬入保城郭。”宣公十五年。则除风雨寒暑外，蛰处室中之时，盖甚少也。

古代眺望，止于台榭，游观则在苑囿。囿兼有禽兽，苑但有草木,盖画地施以厉禁,如美之黄石公园。故其大可方数十百里,非今之花园也。今之花园,盖因园圃为之。

古筑城郭宫室,皆役人民为之,故以卑宫室为美谈,事土木为大戒。崇宏壮丽之建筑,历代未尝无之。然以中国之大言之,则其数甚微耳。又地处平原,多用土木而少石材。即用砖亦甚晚,故大建筑之留诒者甚少。《日知录》曰:"予见天下州之为唐旧治者,其城郭必皆宽广,街道必皆正直,廨舍之为唐旧创者,其基址必皆宏敞。宋以下所置,时弥近者制弥陋。"致慨于"人情之苟且,十百于前代"。此等足觇生计之舒蹙,治化之进退,诚为可忧。若夫诃诸史而觉伟大建筑之不逮人,则康南海所云,适足见我阶级之平夷,迷信之不深,不足愧也。

第六讲　交通通信

　　交通者,国家之血脉也。以地理形势言之,原隰平坦之区,陆路交通为亟。水路交错之区,河川交通为亟。山岭崎岖,港湾错杂之地,则其民长于航海。我国之黄河流域,东亚之大平原也。长江支流航路之远,亦世界所仅见也。南岭以南,平地较少,河川虽多,航行之利,亦不如长江。然海线曲折,则远非江河流域所及,故其航海之业,亦为全国之冠焉。

　　中国文明,本起河域。故其陆路交通,发达最早。《庄子》所谓"山无蹊隧,泽无舟梁"者,盖已在荒古之世。至于三代,则其陆路交通,已颇便利矣。斯时之道路,当分国中及野外言之,国中之道,《考工记·匠人》云:"经涂九轨。"《王制》云:"男子由右,妇人由左,车从中央。"盖极宽平坦荡,野外则不能如是。《仪礼》:"商祝执功布,以御柩执披。"注云:"道有低仰倾亏,则以布为左右抑扬之节,使引者执披者知之。"《曲礼》曰:"送葬不避涂潦。"《左氏》载梁山崩,晋侯召伯宗,行辟重,重人曰:"待我,不如捷之速也。"可见其宽平不逮国中矣。案郊野之道,盖即所谓阡陌。《月令·季春》:"命司空,修理堤防,道达沟渎,开通道路,毋有障塞。"注:"古者沟上有路。"盖依沟洫为之。井田未废之时,沟洫占地颇多,且颇平直。则依沟洫而成之道路,亦必较今日田间之道路,为宽且直矣。特其用人力修治,不能如国中之殷,故其平坦,亦不逮国中耳。其有多用人力,修治平坦者,则秦汉间所谓驰道。

古戎狄事田牧,多居山险。汉族事耕农,多处平地,故驾车之时,较骑乘之时为多。车有两种,一曰大车,驾以牛,平地任载之车也。一曰小车,即兵车,亦称武车,驾马,人行亦乘之。妇人坐乘,男子立乘,车皆驾二马。三马为骖,四马为驷,然三四皆可称骖。《公羊》说:天子驾六。《毛诗》说:自天子至大夫皆驾四。

古书言骑乘者甚少,后人因谓古马惟驾车,无单骑。《左传》昭公二十五年:"左师展将以公乘马而归。"疏引刘炫,以为骑马之渐,此非也。《日知录》谓"古公亶父,来朝走马"。即是骑马。其说得之。又言:"春秋之世,戎狄杂居中夏者,大抵在山谷之间,兵车之所不至。齐桓晋文仅攘而却之,不能深入其地者,用车故也。中行穆子之败翟于大卤,得之毁车崇卒。而智伯欲伐仇犹,遗之大钟,以开其道,其不利于车可知矣,势不得不变而为骑。骑射,所以便山谷也。胡服,所以便骑射也。"此虽言兵事,而交通变迁之故,从可知矣。

古代骑马,又不独平人也,驿亦有之。戴侗曰:"以车曰传,以骑曰驲。"《经典释文》曰:"以车曰传,以马曰递。"亭林因谓《左氏》所载乘驲乘递,皆是骑马。说亦甚确。汉初尚乘传车,后恶其不速,皆改为乘马矣。

水路之交通,不如陆路之发达。《孟子》言:"岁十一月,徒杠成。十二月,舆梁成。"则必水浅之时,乃能乘之以架桥。水大时,则惟有用舟济渡耳。《尔雅》所谓天子造舟,比船为桥。诸侯维舟,连四船。大夫方舟,并两船。士特舟,单船。庶人乘栿并木以渡。者也。此即后世之浮桥。《诗》疏。川之甚之者,则乘舟以渡。《诗》云"谁谓河广,一苇杭之"是也。浅狭之处则徒涉,《诗》云:"子惠思我,褰裳涉溱。"

《论语》云："深则厉，浅则揭。"《礼记》言："舟而不游。"《淮南子》言"短绻无袴，以便涉游"是也。舟之初盖以一木为之。故《易》言"刻木为舟"，又曰"利涉大川，乘木舟虚"也。注："空大木为之曰虚。"《月令》有舟牧，季春之月："命舟牧覆舟，五覆五反，乃告舟备具于天子。"则其制造，必非如前此之简陋矣。《禹贡》九州贡路，皆有水道，虽未必真禹时书，亦必春秋以前物。《左氏》：晋饥，乞粜于秦，秦输之粟。"自雍及绛相继，命之曰泛舟之役。"则能由水道漕粟矣。然北人之使船，似终不如南人。吴欲伐齐，城邗，沟通江淮，此为以人力开运河之始。其后徐承又自海道伐齐。吴楚争战，用舟师时甚多。入郢之役，楚所以不能御者，以吴忽舍舟而遵陆，出不意故也。春秋时，江域之文化，远后于北方，独航行驾于其上。亦可见开化之必由地利矣。

中国地势，西高东下，大川皆自西徂东。故其交通，东西易而南北难。自河域通江域之运河，相需最亟。古代以人工开凿者，盖有二焉。一为邗沟，一为鸿沟也。鸿沟久湮，《史记·河渠书》述其略曰："荥阳下引河东南为鸿沟，以通宋、郑、陈、蔡、曹、卫，与济、汝、淮、泗会。"其为用，颇似今惠民河、贾鲁河也。

娄敬言河渭漕挽天下，西给京师。则自泛舟之役以来，其利迄未尝替。至后汉明帝时，而引汴渠自荥阳至千乘之大工程出焉。盖当时富力，皆在山东。故亟谋自长安通齐地之水运也。东晋以后，富力渐集于江淮，则运道亦一变。隋开通济渠，自东都引谷洛入河，又自河入汴，自汴入淮，以接淮南之邗沟。自江以南，则自京口达余杭，开江南河，凡八百里。唐世江淮漕转，二月发扬州，四月自淮入汴，六七月至河口，八九月入洛。自此以往，有三门之险，欲凿之而未成，乃陆运以入于渭。此自东南通西北之运道也。宋都汴京，水道四达。东河通江淮，亦曰里河。西河通怀孟，南河通颍寿，亦曰外河，今惠民河其遗迹也。北河通曹濮。四河之中，东河之利最巨，淮南、浙东西、荆湖南北之货，皆自此入汴。岭表之金银香药，亦陆运至虔州入江。陕西之货，有入西河入汴者。亦有出剑门，与四川之货，同至江陵入江者，盖东河所通，三分天下有其二矣。元有天下，始引汶水，分流南北，以成今日之运河，历明、清无改。此则自东南通东北之水路也。

陆路交通，秦、汉而后，盖已不如列国时之修整，自宋以后，废坏尤甚。今试引《日知录》数则，以见其概。

《日知录》曰："读孙樵《书褒城驿壁》，乃知其有沼有鱼，读杜子美《秦州杂诗》，又知其驿之有池有林有竹。今之驿舍，殆于隶人之垣矣。予见天下州之为唐旧治者，其城郭必皆宽广，街道必皆正直，廨舍之为唐旧创者，其基址必皆宏敞。宋以下所置，时弥近者制弥陋。此又樵记中所谓州县皆驿，而人情之苟且，十百倍于前代矣。"

又曰："古之王者，于国中之道路，则有条狼氏，涤除道上之狼扈，而使之洁清。于郊外之通路，则有野庐氏，达之四畿。合方氏，达之天下，使之津梁相凑，不得陷绝。而又有遂师以巡其道修，候人以掌其方之道治。至于司险掌九州之图，以周知其山林川泽之阻，而达其道路。则舟车所至，人力所通，无不荡荡平平者矣。晋文之霸也，亦曰：司空以时平易道路，而道路若塞，川无舟梁，单子以卜陈灵之亡。自天街不正，王路倾危。涂潦遍于郊关，污秽钟于辇毂。《诗》曰：'周道如砥，其直如矢。君子所履，小人所视，眷焉顾之，潸焉出涕。'其斯之谓欤？"

又曰："《周礼》野庐氏：比国郊及野之道路宿息井树。《国语》：单襄公述周制以告王曰，列树以表道，立鄙食以守路。《释名》曰：古者列树以表道，道有夹沟，以通水潦。古人于官道之旁，必皆种树，以记里至，以荫行旅。是以南土之棠，召伯所芨。道周之杜，君子来游。甘棠之咏召公，郑人之歌子产。固已宣美风谣，流恩后嗣。子路治蒲，树木甚茂。子产相郑，桃李垂街。下至隋唐之代，而官槐官柳，亦多见之诗篇。《诗》云：蔽芾甘棠，勿剪勿败，召伯所憩。犹是人存政举之效。近代政废法弛，任人斫伐。周道如砥，若彼濯濯，而官无勿翦之思，民鲜侯甸之芘矣。《续汉书·百官志》，将作大匠，掌修作宗庙路寝宫室陵园土木之功，并树桐梓之类，列于道侧，是昔人固有专职。《后周书·朱孝宽传》：雍州刺史，先是路侧一里置一土堠，经雨颓毁，每须修之。自孝宽临州，乃勒部内，当堠处植槐树代之。既免修复，行旅又得庇荫。周文帝后问知之。曰：岂得一州独尔，当令天下同之。于是令诸州夹道一里种一树，十里种三树，百里种五树焉。《册府元龟》：唐玄宗开元二十八年正月，于两京路及城中苑内种果树。代宗永泰二年正月，种城内六街树。《旧唐书·吴凑传》：官街树缺，所司植榆以补之。凑曰：榆非九衢之玩，命易之以槐。及槐荫成而凑卒，人指树而怀之。《周礼·朝士》注曰：槐之言怀也，怀来人于此。然则今日之官，其无可怀之政也久矣。"

又曰："《唐六典》：凡天下造舟之梁四，石柱之梁四，木柱之梁三，巨梁十有一，皆国工修之。其余皆所管州县，随时营葺，其大津无梁，皆给船人。量其大小难易，以定其差等。今畿甸荒芜，桥梁废坏，雄莫之间，秋水时至，年年陷绝，曳轮招舟，无赖之徒，借以为利。潞河渡子，勒索客钱，至烦章劾。司空不修，长吏不问亦已久矣，况于边障之远，能望如赵充国，治湟狭以西道桥七十所，令可至鲜水，从枕席上过师哉。《五代史》：王周为义武节度使，定州桥坏，覆民租车，周曰：桥梁不修，刺史过也。乃偿民粟，为治其桥。此又当今有司之所愧也。"

今日各地方之情形，与亭林所言，有以异乎？无以异乎？其原因，亭林谓由"国家取州县之财，纤毫尽归之于上，而吏与民交困，遂无以为修举之资"。盖古代之民政，愈至后世而愈废弛，此实中国不振之大原因也。

古代肩舆，仅用之于山地。《史记·河渠书》所谓"禹山行即桥"。《汉书·严助传》所谓"舆轿而隃岭"者也。宋某小说载，王荆公终身不乘肩舆，可见北宋时用者尚罕。南渡以后遂盛行，亦可见城市中路日趋倾陋也。

驿置历代有之，至唐益备。唐制：卅里一驿，天下水驿一千六百三十九，陆驿一千二百九十七，水陆相兼之驿八十六。其职属于驾部。宋以驾部属兵部，有步递马递急脚递之分。急脚递日行四百里，军兴则用之，南渡又有金字牌急脚递，日行五百余里，见沈括《梦溪笔谈》。《宋史》所谓岳飞一日奉金字牌诏十二者也。元称站赤，站之称固取之他国也。设置兼及藩王封地，规模尤大。明制：南北京设会同馆，在外设水马驿递运所。清制分铺递驿递两种，铺递用人，驿递用马，亦皆属兵部。凡驿皆有官马及舟车，不足则和雇。驰行则或役民夫，或用兵卒。自邮局兴，驿站乃以次裁撤。

驿站之设，人物既可往来，音讯亦资传递，实为最便之事。然历代仅限其用于官，而未能推以便民。故民间通信，事极艰苦。非遣急足，诿亲友，则必辗转请托矣。历来当寄书之任者，盖多商人或旅客。或代人请托者，则为逆旅主人。至清代乃有民信局之设，初起宁波，后遍全国，甚至推广及于南洋。而沿江一带尤盛。邮局设立以后，虽逐渐减少，犹未尽绝也。此事颇足见我国民才力之伟。

海道交通可考者，始于吴人以舟师伐齐，前已言之。此等沿岸航行，盖随世而益盛。至汉以后，则有航行大海者，其路线见《汉书·西域传》、《唐书·地理志》。明时郑和奉使，航路抵今非洲，详见巩珍《西洋番国志》、马欢《瀛海胜览》。《明史·外国传》，即采自巩书者也。海路运粮，始于唐之陈磻石。磻石润洲人。咸通中，用兵交阯、湖南、江西，转饷艰苦。磹石创海运之议，自扬子经闽广以往。大船一艘，可运千石，军需赖以无阙云。元、明、清三代，则天庾之正供，亦借海舟以输运矣。

中国政治思想史十讲

《中国政治思想史》，民国二十四年在上海光华大学所讲，予女翼仁笔记之，而予为之订补。以阅时甚暂，故所讲甚略，特粗引其端而已。虽然，古之所贵乎朋友讲习者，曰讲明。学者于义有所不彻，教者罕譬而喻焉，曰讲贯。既习其数矣，而未能观其会通，故教者为引而信之，触类而长之也；故曰：予非多学而识之，予一以贯之者也。专门之士，穷幽凿险，或非圣人所能为。然覆杯水于堂坳，则芥为之舟，置杯焉则胶，致远恐泥，是以君子弗为也。况于翻检钞录，又不足以语于致曲者邪。抑闻之，古之为政者，必立谏鼓，置谤木，岂不知忠言之逆耳，谲诿面谀之快于心，虽睿智，思虑有所弗能用；虽聪明，耳目有所弗能及。是以用众以自辅，求贤以自鉴，而不蔽于其所亲昵也。若乃将直言极谏，与诽谤同科。举国计民生，惟党徒之殉，弗思耳矣，亦已焉哉。云南起义前夕自记。

第一讲　中国政治思想史之分期

中国的政治思想史，是颇为难讲的，因为：

（一）政治思想和政治制度不同。政治制度，是有事实可考的，历代都有记载。记载自然有缺漏，但是一件事实，缺落其一部分，或者中间脱去一节，是很容易看得出来的，自然有人去研究，用考据手段去补足他。政治思想则不然，他是存于人的心里的。有许多政治思想，怕始终没有发表过；即或发表过的，亦不免于佚亡。凡是高深的学说，往往与其时的社会不相宜，此等学说不容易发表，即使发表了，亦因其不受大众的注意，或且为其所摧残而易至于灭亡。此等便都无可稽考。

（二）中国是一个政治发达的国家；而且几千年来，研究学术的人，特别重视政治；关于政治的议论，自然有许多，但都不是什么根本上的问题。为什么呢？因为一件事情，我们倘然看作问题而加以研究，必先对于这件事情发生了疑问；而疑问是生于比较的。我们都知道：希腊的政治思想，发达得很早。在亚里斯多德时，已经有很明晰的学说了。这就是由于希腊的地小而分裂，以区区之地，分成许多国，各国所行的政体，既然不同，而又时有变迁。留心政治问题的人，自然觉得政治制度的良否，和政治的良否大有关系，而要加以研究了。中国则不然。中国是个大陆之国，地势是平坦而利于统一的。所以其支离破碎，不如希腊之甚。古代的原民族——即今日所谓汉族——分封之国虽多，所行的政体，大概是一样。其余诸民族自然有两样的，但因其文明程度的低下，中原人不大看得起他，因而不屑加以比较研究。孔子说夷狄之有君，不如诸夏之无也，见《论语·八佾》。最可以代表这种思想、这种趋势。直到后世，还是如此。没有比较，哪里会发生疑问？对于政治，如何会有根本上的研究呢？因此，中国关于政治的史料虽多，大都系对于实际政务的意见——如法律当如何改订、货币当如何厘定之类——此等学说，若一一列举，则将不胜其烦，而其人对于政治思想依旧没有明了。研究中国的政治思想，非将一个思想家的学说，加以综合，因其实际的议论而看出其政治上的根本主张来不可。这是谈何容易的事情？

凡思想总是离不开环境的，所以要讲政治思想，必先明白其时的政治制度和政治事实，而政治制度和事实的变迁，就自然可以影响到政治思想而划分其时期。我们根据于这种眼光，把中国的政治思想分为四个时期：

第一期　自上古至战国　这是中国的社会组织发生一个很大的变迁的时期，自政治上言之，则为由部落至封建，由封建至统一。

第二期　自秦至唐　秦汉是中国初由封建而入于统一的时期。封建之世不适宜的制度，在此时期中，逐渐凋谢；统一之世所需要的制度，在此时期中，逐渐发生；逐渐发生的制度，自然又有不适宜的，不免酿成病态，政治家所研究的，就集中于此等问题。

第三期　自宋至清中叶　第二期中所发生的病象，到此渐觉深刻了，大家的注意，自然更切，而其研究也渐深，往往能触及根本问题。而这时期之中，民族问题也特别严重。实际上，民族问题在秦汉时代已经发生，当"五胡乱华"之时，已经很严重了。但是人们的思想，往往较事实要落后些，当彼其时还不曾感觉他十分严重，到宋朝以后，却不容我们不感觉了。要御侮先要自己整饬，因此，因为对外问题的严重，也引起了内部改革的问题。

　　第四期　自清中叶至现代　这是中国和欧洲人接触而一切思想都大起变化的时期。政治思想当然不是例外。

第二讲　中国政治思想史上之两派

　　要讲很复杂的政治思想,我们必须先有一个把握。这个把握是什么? 就是把几千年来的政治思想先综括之而作一鸟瞰,得一个大概的观念。然后,持之以研究烦杂的材料——这是为入手之初方便起见,自然不是研究之后不许修正的。本此眼光而立论,我敢说中国的政治思想可以(1) 进取,(2) 保守两派概括之。为什么会有这两派呢? 为什么不会有第三派? 又为什么不会只剩了一派?

　　这是因为社会的本身同时有两种需要,而这两派各代表其一种。所以,这两派是都有其确实的根据,都有其正当而充足的理由的。

　　这话怎样说呢? 说到这句话,我们先要问一问:国家和社会到底是合一的还是分离的,就是国家和社会到底是一件东西,还是两件东西?

　　这个问题是很容易回答的:

　　(1) 有许多人民还没有能够组织国家,然而我们不能说他没有社会。

　　(2) 有许多国家已经灭亡了,然而其社会依然存在。

　　(3) 所谓社会,其界限是和国家不合的,一个国家之中可以包含许多社会,而一个社会也可以跨据许多国家。

据此社会和国家确系两物。未有国家之前先有社会，社会是不能一天没有的。人永远离不开社会的，出乎社会之外而能生存的人，我们简直不能想像，而国家则是社会发展到某程度应于需要而生的。我们现在固然很需要国家，我们非极力保存我们的国家、扩张我们的国家不可。然而，国家并不是我们终极的目的。照我们现在的希求而逐渐向上，国家终究是要消灭的。这不是我一人的私言，古今中外的哲人怀抱此等思想的，不知凡几。不过这件事情是很艰难，其路途是很遥远，我们现在不但没有能达到目的，甚且连达到目的最好的途径都还没有发见罢了。然而，事在人为。民之所欲，天必从之，并非真有甚么天神鉴观下民、哀矜之而从其所欲，不过全人类真正的欲望，其实是相同的。虽然因环境的不良而暂时隐蔽着，及其环境一变，真正的欲望马上就要发露出来。而且环境的改易，也并非天然的变迁，实际上就是人因其为真正欲望的障碍，而在无形中大家各不相知地把其改造之。故环境改造得一分，人的真正欲望实现的可能程度便高一分，而去其实现之境也就接近一分。如此努力向前，我敢相信路途虽然遥远，终有达到目的的一日。然则国家在现在虽然很需要，到将来终有消灭的一天的。所谓政治，就是国家所做的事情，国家既是社会发展到某程度应运而生的东西，政治自然也是社会发展到某程度应运而生的现象。

然则在社会发展的历程中，为什么要生出国家这一种东西，产生出政治这一种现象来呢？须知人类所组织的社会，有两心交战，正和我们一个人的心有善恶两念交战一样。这两条心是什么？便是：

（一）公心；

（二）私心。

公心，是己欲立而立人，己欲达而达人。一个人好，就希望大家好，甚而至于为着人家不恤牺牲自己。因此，就发生出许多好的制度和好的事实——代表公意的制度和事实来。私心，是只顾自己不顾别人的，不但不肯损己以利人，还要损人以利己。因此，便生出许多坏的制度和坏的事实来。社会进化到某程度，私心发生了，就有抱着公心的人出来和他抵抗。这所谓抱着私心和抱着公心，并不是指具体的人。同是一个人，对于这件事怀抱着公心，对于那件事可以怀抱着私心。在这时期这地方怀抱着私心，换一个时期一个地方又可以怀抱着公心。所以，与其说是两个人，不如说是两个阶级。坏的阶级把好的阶级完全消灭，这件事是不能想像的，因为如此人类就要灭绝了，而且这不是人类的本性，当然也不会有这一回事。好的阶级完全把坏的阶级消灭，还非现在所能。在现在，事实上是如此的一个政府：一方面代表全社会的公意，一方面也代表其阶级的私意。这是古今中外凡有政府都是如此的，不过两者的成分或多或少罢了。

因为社会上先有了所谓恶意，然后有政治出来矫正他。所以矛盾不消灭，政治也不消灭。而政治实际上没有单代表公心的，总兼代表着私心，他所以跃居治者之地位，就有一部分为是要达其私意之故。既已居于治者的地位，自然更可将这种私心实现。所以政治的本身也是能造成矛盾的，政治不消灭，矛盾也不消灭。

人类的公心是无时而或绝的，总想把这社会弄得很好。因此，在任何时代任何地方，总要想上进。但是，因为私心未能绝灭之故，任何事情都不容易办好，而且不办事则已，一办事往往因此而又造出一种坏来。人的性质是各有所偏的，有人富于热烈的感情，对于现状深恶痛绝，这种人自然容易发见现状之坏，研究改革之方，而于改革之难达目的，及其因此而反生弊端，却较少顾虑。如此便成为进取派，而其性质和他相反的，就自然成为保守派。人的性质是有此两种，所以古往今来的政治思想都可以这两派括之。至于哪一派的势力较强，自然和其时代也有关系。在这一种观念之下，去了解中国的政治思想，我以为是较容易的。

以上所说的话是很抽象的，以下用具体的话来证明他。

第三讲 上古到战国的社会变迁

　　上古到战国,划分为政治思想史上的一个时期,前文已经说过了。这一个时期之内,政治思想的背景,是怎样呢?

　　这一个时代,在政治上,可以说是从部落进于封建,从封建进于统一的时代。

　　人类最初的组织,大概是依据血统的。但是到后来,就渐渐地从血统的联结而进于地域的联结了,这就成为部落。

　　部落的生活,大概是渔猎、游牧、农耕三种。从前的人,都说人类进化的程序,是从渔猎到游牧,游牧到农耕的,其实也不尽然。依现在社会学家所考究:大抵山林川泽之地,多从渔猎径进于农耕;平原旷莽之区,则从渔猎进化到畜牧。至于进化而成为国家,则游牧、农耕两种人民,关系最大。古代各部落间,彼此无甚关系,因之不能互相了解,相遇之时,就不免于争斗。渔猎民族,需要广大的土地,才能养活少数的人口,所以其人数不能甚多;而文明程度也较低;与游牧民族战争时,多不免于败北。

　　农耕民族,文明程度是最高的;其人口也较多。和游牧民族战争,本来可得胜利。但因其性质爱好和平,而又安土重迁,不能兴师远征;所以游牧民族来侵犯时,虽可把他击退,总不能扫穴犁庭。而游牧民族,败则易于遁逃;及其强盛之时,又可以集合起来去侵略他人，农耕民族，总不免有时为其所乘。所以以斗争论，游牧民族，对于渔猎民族和农耕民族，都是很有利的。但是渔猎民族，文明程度本低，加以败北之后，可以遁迹山林，游牧民族，倒也无如之何。农耕民族，却和土地的关系密切了，宁受压迫而不愿遁逃。游牧民族战胜时，便可以强制他服从，勒令他纳贡。进一步，还可以侵入其部落之内，而与之同居；强制其为自己服役。如此，一个部落之内，有征服者和被征服者两个阶级对立；征服者治人而食于人，被征服者治于人而食人，就成为现代国家的起源了。

　　以上所述，是现代社会学家的成说，从我国古史上研究，似乎也是相合的。古代相传的帝王，事迹较有可考的，是巢、燧、羲、农。有巢氏教民构木为巢，燧人氏教民取火熟食，其为渔猎时代的酋长，显而易见。伏羲氏，因为相传有"驯伏牺牲"之说，大家就都认他为游牧时代的酋长。其实这全是望文生义的。"伏羲"二字，乃"下伏而化之"之意，见于《尚书大传》。其事迹，则《易经》的《系辞传》称其作网罟以佃以渔。《尸子》亦说：燧人氏之世，天下多水，故教民以渔；伏羲氏之世，天下多兽，故教民以猎。其为渔猎时代的酋长，也显而易见。伏羲氏之后是神农氏，则名义上，事迹上，都昭然无疑，是农耕时代的酋长了。其根据之地：有巢氏治石楼山，在琅琊南；燧人氏出旸谷，分九河；伏羲氏都陈；神农氏都鲁，都在今河南山东黄河以南。黄帝邑于涿鹿之阿，则在今河北涿县。大约古代山东半岛之地，有一个从渔猎进化到农耕的民族，便是巢、燧、羲、农；而黄帝则为河北游牧之族。阪泉涿鹿之战，便是这个农耕民族为游牧民族所征服的事迹。

　　社会的内部，其初是荡荡平平，毫无阶级的。但是经过相当的时间，便要生出男妇和老幼的区别。前者是基于两性的分工；后者则由于知识技艺的传授，以及遇事的谋略，临事的指挥。自然经验

丰富的人,总处于重要的地位。所以在浅演的社会里,虽然还行着
女系,而掌握实权的,也以男子为多。至于年老的人,则其地位尤为优
越。社会愈进步,分工的作用愈显著,处于特别地位的人,自然愈形重
要。如此,专门指挥统率的人,权力逐渐增大,就成为君的起源。其偏
于保存智识的人,则成为僧侣阶级。凡此等,都是一个团体之内,特殊
阶级之所以形成。然而总不如用兵力征服的关系来得大。

这一个部落,征服那一个部落,其初是用勒令进贡的方法,去剥
削他的。至于被征服部落内部的情形,则丝毫不管。中国从黄族征
服了炎族以后,直到夏禹之世,对于被征服者,还有这种情形。所以
夏后氏对于农民所收的租税称为贡,和这一国献给那一国的礼物,
名称相同。其方法,则系按几年收获的平均额,向他征取。至于丰
年可以多取而不取,以致谷物不免浪费;凶年不能足额而强要足额,
以致人民受累,他是丝毫不管的。可见这时候,征服之族和被征服
之族,还没有融合。到殷周时代,情形就不同了。殷代收税之法名
为助,是强制人民代耕公田的。周代收税的法子名为彻,是田亩不
分公私,而国家按其所入,取其十分之一。可见这时候,征服者和被
征服者,已合并成一个社会了。

古代农耕的社会,其内部,本来是有很良好的规则的。凡榨取,
必须要保存被榨取的对象。征服之族,只要榨取就够了,何苦而去
干涉被榨取的社会内部的事情? 所以农耕社会,虽然被游牧民族征
服,而其内部良好的规则,还得保存。进一步,征服民族对于被征服
的民族,关系渐渐的深了;管理干涉,也渐渐的严密了,然而也还是
本于这种规则以行事,甚且还能代他修整,助其保持。这时代的君
主,就是后世所称为圣主贤君的;而这时代,就是孔子所说的小康时
代。至于那已经过去的毫无阶级的时代,那自然就是所谓大同时代
了。当此时代,征服者和被征服者阶级的对立是:(一)贵族,

（二）自由民，（三）奴隶三者。贵族是征服阶级里握有政权的人，如契丹之有耶律萧氏。自由民是征服阶级里的平民，如契丹之有部族。被征服的民族，那就是奴隶了。

其初，征服阶级和被征服阶级的对立，是很为尖锐的。所以贵族和自由民之间，其相去近；自由民和奴隶之间，其相去远。但是到后来，压迫的关系，渐成为过去；平和的关系，日渐增长。而掌握政权的人，其权力却日渐发达。于是贵族和自由民，相去渐远；自由民和奴隶，相去转日近，驯至因彼此通婚，而混合为一。我国古书上百姓和民、民和氓，有时是有区别的，有时却又没有，就是这个关系。

以上所说，是从部落时代进化到封建时代的大略。但是进化到封建时代，还是不得安稳的。因为此等封建之国，其上层阶级，本来是一个喜欢侵略的民族；在侵略的民族中，战争就是生利的手段。当其初征服别一个民族时，生活上自然暂时得到满足。但是经过相当的年代，寄生之族的人口，渐渐的增加了；而其生活程度，也渐渐增高，就又要感觉到不足。感觉到不足，那除向外侵略，夺他人的土地人民为己有，是没有别法的。在战国以前，列国所以要互相吞并，一国中的大夫，也要互相吞并，这就是其中很重要的原因。如此，一步步的向前进行，晋国的六卿，并成三家；春秋时的百四十国，变为战国时的七国，世运就渐进于统一了。

政治一方面，情形如此；社会一方面，也有很重要的变迁。征服之族，初征服被征服之族时，是把他们的人，掳来作为奴隶使用。此时的奴隶，是以多数的人，替少数的贵族耕作广大的土地的。生命尚非己有，何况耕作之所得？在此等情形之下，奴隶的耕作未必出力；而此时耕作的方法，也还幼稚；自然可以多数的人，耕作广大的土地。到后来，耕作的方法渐渐进步了；压迫的关系，也渐渐变化。即发见用武力强迫人家劳动，不如在自利的条件下，奖励人家劳动之为得计。并发见以多数人粗耕广大的土地,不如任一家一户精耕较小的土地之为有利。于是广大的田庄,变成分立的小农户。这是说征服之族,把被征服之族掳掠得来,强制他为自己劳动的社会的变化。其从纳贡的关系,进化到代为管理,始终没有破坏被征服之族内部的规则的,自更不必说了。但是无论其为征服之族将被征服之族掳掠来而强制其为自己劳动,或者由纳贡的关系而进化到收税,伴随着生产方法的进步,广大的田庄,总有变为小农户的趋势。我国古代,土地虽非人民所有,然而必要有一个五十亩、七十亩、百亩的分配办法,而不容笼笼统统的,把若干公有的土地,责令若干人去共同耕种,即由于此。于此,已伏着一个土地私有的根源。又因人口的增加,土地分配,渐感不足,而分配又未必能平均,于是渐有无田可耕的人。又或因所耕的田太劣,而愿意换种好田,于是地代就渐渐发生。有权支配的人,就将好田与坏田收获的差额,悉数取为己有。于是土地的私有,渐渐的成立了。

又因生产方法的进步,工业渐渐的脱离农家的副业而独立。于是交换愈益频繁,而专司交换的关键的商人也出现了。商人对于农工,在交换上,是处于有利的地位的。因为要以其所有,易其所无的人,都有非易不可之势;而在交易的两方,都无从直接交换,都要通过商人之手才行。于是商人乘卖主找不到买主时,可以用很廉的价格买进;到买主找不到卖主时,又可以用很贵的价格卖出。一转手之间,生产者和消费者,都大受其剥削。所以在近代工业资本发展以前,商业资本在社会上,始终是很活跃的。这是中国几千年来一贯的趋势,更无论古代经济初进步的时候了。因商业资本发达,则农人受其操纵而愈益穷困。于是高利贷出现。在这两种剥削之下,再加之暴政的榨取,农民乃无可控诉,而至于流亡。其投靠到富豪的,或则售其田产,而变为佃农;或竟自鬻其身,而成为奴隶。除非在社会上有所需求，都可以靠暴力胁夺，如其不然，有所求于人，就非得其允许不可，或者守着社会上公认的交换规则，进行交换，则相需甚殷的一方面，总是吃亏，而其势较缓的一方面，总是处于有利的地位的。所以在春秋战国时，商人的势力大盛。便国家也不能不谨守和他们订立的契约，指郑子产不肯强市商人货物之事。见《左氏》昭公十六年。甚而至于与他们分庭抗礼。子贡之事，见《史记·货殖列传》。一方面，都市的工商业家，乡下的大地主，新阶级兴起了；一方面，则因战争的剧烈，亡国败家者相随属，而封建时代的贵族，日益沦落。于是贵贱的阶级渐平，贫富的阶级以起。然而当这时代，国家的政治权力，不是缩小了，而反是扩大了。因为政治是所以调和矛盾，也可说是优胜的一个阶级用来压迫劣败的阶级的。社会的矛盾，日益加甚，自然政治的权力，日益加大。但是这时候，代表政治上的权力的，不是从来拥有采地的封建主，而是国王所信任的官僚。

　　官僚阶级是怎样兴起的呢？那便是：（一）新兴的工商家，和地主阶级中较有知识的分子；（二）没落的旧贵族尤多，他们的地位身份虽然丧失，其政治上的才能和知识，是不会随而丧失的。现代的县名，还有一部分沿自秦汉时代，秦汉的县名很容易看得出，有一部分就是古代的国名，可见其本为一独立国。独立国夷而为县，并不是从秦汉时代开始的；春秋战国时，早已有许多小国，变成大国中的一县了。国变而为县，便是固有君主的撤废，中央政府派遣地方官吏的成功。质而言之，就是后代的改土归流。因封建制度崩溃，而官僚阶级增多；亦因官僚阶级增多，而大国的君主，权力愈扩大；封建政体，因之愈趋于崩溃。还有加重大国的权力的，便是军队的加多与加精。在古代，大约是征服之族服兵役，被征服之族则不然的。这并不是被征服之族都不会当兵，不过不用他做正式的军队罢了。我国古代，天子畿方千里，公侯皆方百里，幅员的大小，为百与一之比,而兵额却不过两三倍,就是为此。《礼记·文王世子》是古代的庶子官管理王族之法,而其中说战则守于公称;鄢陵之战,晋国人说"楚之良,在其中军王族而已"。可见古代的战斗,不但全用征服之族组织军队,并且还是以王族为中心的。至于被征服之族,则不过叫他保守本地方,并不用他做正式的军队,所以说寓兵于农。寓兵于农,谓以农器为兵器,非谓以农夫为军人,见《六韬·农器》篇。到春秋时,这种情形就大变了。变迁的途径有二:一是蓄养勇士,求其战斗力之加强;一是训练民众,求其兵数之加多。前者如齐庄公是其代表;后者如管仲作内政寄军令,是其代表。到战国时代,则这两种趋势,同时并进。如魏国的兵制,挑选人民强壮的,复其身,利其田宅;见《荀子·议兵》篇。又如秦国商鞅之法,把全国的人民都训练成战士。此等多而且精的军队,自然非小国所能抵敌了。

政治上的互相争斗,可以说是使人群趋于分争角立的,而自经济上言之,则总以互相联合为有利。亦且人类的本性,原是互相亲爱的;政治上的分争,只可说是社会的病态。所以在封建时代,政治上的情形,虽然四分五裂,而社会的同化作用,还是不断进行的。《中庸》说:"今天下,车同轨,书同文,行同伦。"可见当春秋战国时,社会的物质和精神,都已大略一致;因为只从古相传下来,凭恃武力的阶级所把持,以致统一不能实现罢了。此等政治上争斗的性质,固因有国有家者,各欲保守其固有的地位,而至于分争;亦因其贪求无已,不夺不餍,而渐趋于统一。并兼之势日烈,则统一之力加强。政治的社会的两力并行,而统一遂终于实现。

统一,自然是有利的事。人类不论从哪一方面讲,总是以统一为有利的。但是前此的分争,固然不好,后来虽勉强统一,而其联结的办法,还不是最好的。因而处于这一个大国家社会之中的人,不能个个都得到利益,而且有一部分是被牺牲的。而国家社会的自身,亦因此而不得进化。这种趋势,是从皇古时代,因社会内部的分化和其相互间的争斗而就开始进行的;到战国的末年,已经过很长的时间了。在这长时期中,从民族和国家的全体上看,是由分趋合,走上了进化的大路的。从社会组织上看,则因前此良好的制度逐渐废坠,人和人相互之间的善意逐渐消失,而至于酿成病态。于是有所谓政治者,起而对治之。政治是药,他是因病而起的,亦是想治好病的。人谁不想好? 谁肯安于坏? 于是有政治上种种的主张而形成政治思想。

第四讲　先秦的政治思想

　　从上古到战国，这一期中的政治背景，业经明白了，就可进而讲述其政治思想。

　　这一期中的政治思想，最重要的，自然就是所谓先秦诸子。这都是东周时代的思想。自此以前，自然不是没有政治思想的，然无甚重要关系，所以略而不述。实际上，先秦诸子的思想，都是很受前此思想的影响而发展起来的；研究先秦诸子，西周以前的思想，也可以见其大概了。

　　怎样说先秦诸子的思想，都是很受前此思想的影响呢？中国人向来是崇古的。对于古人的学说，崇拜总超过批评。这种风气，近来是逐渐改变了，然其对于古人的批评，亦未必都得其当。先秦诸子，离现在时代较远，不大容易了解，因而也不大容易批评。所以不论从前和现在的批评，都很少搔着痒处。对于先秦诸子，大家是比较的抱着好感的。不论从前和现在，对于他们的批评，都是称颂的居多；即有批评其短的，也都是隔靴搔痒，并没有能发见其短处，自然更说不到发见其致误之由。然则先秦诸子，有没有错误之处呢？自然是有的，其错误而且还颇大。假使先秦诸子而真见用于世，见用社会，而真本其所学以行事，其结果，怕会弄得很糟的。我们现在，且先说一句总批评，那便是：先秦诸子的思想，都是落伍的。

这话怎样说呢？要说明这句话，先得知道先秦诸子所代表的，是哪一个时代的思想。我以为：

农家 代表神农时代的思想。

道家 代表黄帝时代的思想。

墨家 代表夏禹时代的思想。

儒家、阴阳家（？） 代表西周时代的思想。

法家、兵家 代表东周时代的思想。

这所谓代表某一时代的思想，只是说其思想是以那一个时代为根据而有所发展，并不是说他完全是某一个时代的思想，不可误会。

人的思想，是多少总有些落伍的。今天过去了，只会有明天，今年过去了，只会有明年。明天明年的事情，是无论如何不会和今天今年相同的，何况昨天和去年？然而人是只知道昨天和去年的。对付明天明年的事情，总是本于昨天和去年以前的法子。各人所用的法子，其迟早亦许相去很远，然而总只是程度问题。所以其为落伍，亦只是程度问题。

人的思想，总是在一种文化中涵养出来的。今试找一个乡气十足的村馆先生，再找一个洋气十足的留学生，把一个问题，请他们解决。他们解决的方法，一定大相悬殊。这并不是这两个人的本性相去如此之远，乃由其所接受的文化不同。所谓性相近，习相远。知此，然后以论先秦诸子。

（一）农 家

先秦诸子，所代表的，不是一时的思想，这是很容易见得的。因为最难作伪的是文学。先秦诸子中，都包容着两种时代不同的文学——未有散文前的韵文，和时代较后的散文。我们现在不讲考据，这个问题，且置诸不论。我们现在，只从思想上批判其所代表的文化时代的远近。如此，农家之学，我以为其所代表的文化的时代，是最早的。

农家之学，现在仅有许行一人尚有遗说，从《孟子》中可以窥豹一斑。许行有两种主张，是：

（一）政府毫无威权。所谓贤者与民并耕而食，饔飧而治，就是说人君也要自己种田、自己做饭，像现在乡下的村长一样。

（二）物价论量不论质。不论什么东西，只要他的量是一样，其价格就是一样。

这种思想，显然是以古代的农业共产社会做根据的。我们如诘问他：既然可以并耕而食，饔飧而治，何必还要有君？既然交换的价格，和成本全不相干，则已变为一种赠与，何必还要交换？他可以说：我所谓政府，是只有办事的性质，而没有威压的性质的。至于交换，我本来要消灭他，强迫交换的价格，论量不论质，只是一种过渡的方法。况且这也是禁奢的一种手段。所以刚才的话，是不能驳许行的。我们要问许行的，是用何种手段，达到他这一个办法？无政府主义，是没有一个人不可承认其为最高的理想的，亦没有什么人敢断定其终不能达到。不过在现在，决没有人主张，即以无政府的办法为办法的。因为这是决不能行的事。从我们的现在，达到无政府的地位，不知要经过多少次平和或激烈的革命呢。许行的说法，至少得认为无政府主义的初期，许行却把那一种办法做桥梁，渡到这一个彼岸呢。假使许行是有办法的，该教滕文公从桥上走，或者造起桥来，不该教他一跳就跳到彼岸。如其以为一跳就可以跳过去的，那其思想，比之乌托邦更为乌托了。许行究竟是有办法没有办法的呢？许行如其有办法，其信徒陈相，应该以其办法反对孟子的办法，不该以其理想的境界反对孟子的办法，所以许行的学说，虽然传下来的很不完全，我们可以推定其是无办法的。然则许行的思想是一种最落伍的思想。

（二）道　　家

道家当以老子为代表。古人每将黄老并称。古书中引黄帝的话，也很和老子相像。《列子·天瑞》篇引《黄帝书》两条，黄帝之言一条，《力命》篇亦引《黄帝书》一条。《天瑞》篇所引，有一条与《老子》同，余亦极相类。这自然不是黄帝亲口说的话，然而总可以认为黄帝这个社会里、民族里相传的训条。

老子的思想，导源于远古的黄帝这一个社会，是可能的。因为老子的道理是：

（一）主张柔弱。柔弱是一种斗争的手段。所谓欲取姑与。浅演的社会，是只知道以争斗为争斗，不知道以退让为争斗的。所以因刚强躁进而失败的人很多。如纣，如齐顷公、庄公、晋厉公、楚灵王、吴夫差、宋王偃等都是。其实秦皇、汉武，也还是这一流人。这种人到后世就绝迹了。这可见人的性质，都是社会养成的。黄帝的社会，是一个游牧的社会，君民上下，都喜欢争斗，自然可以发生这一类守柔的学说。儒家所以要教民以礼让，礼之不足，还要以乐和其内心，也是为此。

（二）主张无为。"为"字近人都当"作为"解，这是大错了的。为，化也。无为就是无化。无为而无不为，就是无化而无不化。就是主张任人民自化，而不要想去变化他。"化而欲作，吾将镇之以无名之朴"，就是说人民要变化，我们还要制止他，使他不要变化。怎样叫变化呢？《老子》一书，给后来的人讲得太深了，怕反而失其真意。《老子》只是一部古代的书，试看：（A）其书的大部分，都是三四言韵语,确是未有散文以前的韵文;(B) 其所用的名词,也很特别,如书中没有男女字,只有牝牡字——这尤可表见其为游牧民族。所以我说《老子》的大部分,该是黄帝这一个民族里相传的古训,而老子把他写出来的,并不是老子自著的书。我们若承认此说,"无为"两个字,就容易解释了。当《老子》这一部书著作的时候——不是周朝的老聃把他写出来的时候——作者所处的社会,不过和由余所居的西戎、中行说所居的匈奴差不多。这种社会里的政治家的所谓为:坏的,是自己要奢侈,而引进许多和其社会的生活程度不相称的事来;刻剥人民去事奉他,并且引起人民的贪欲。好的,是自以其社会为野蛮,而仰慕文明社会的文明,领导着百姓去追随他。《史记·商君列传》:商君对赵良自夸说:"始秦戎翟之教,父子无别,同室而居,今我更制其教,而为其男女之别,大筑冀阙,营如鲁、卫矣。"就有这种意思。文明的输入,自然是有利的。然而文明社会的文明,是伴随着社会组织的病态而进步的;我们跟着他跑,文明固然进步了,社会的病态,也随而深刻了,这也可以说是得不偿失的事。《老子》一书中所主张的"无为",不过是由余夸张戎人,中行说劝匈奴单于勿变俗、好汉物的思想。见《史记·秦本纪》、《匈奴列传》。《老子》的所以为人附会,(一) 以其文义之古,难于了解,而易于曲解;(二) 因其和一部分的宗教思想相杂。《老子》的宗教思想,也是游牧民族的宗教思想。因为(a) 其守柔的思想,是源于自然力的循环,而自然力的循环,是从观察昼夜四时等的更迭得来的;(b) 无为的思想,是本于自然现象的莫之为而为,所谓"天何言哉?四时行焉,百物生焉"。两者都是从天文上得来的,而天文知识的发达,正在游牧时代。

老子这种思想,可以说是有相当的价值的。但是守柔在不论什么时代,都可以算竞争上的一种好手段。至于无为,则社会的变化,不易遏止。即使治者阶级,尚都能实行老子之说,亦不过自己不去领导人民变化。而社会要变化，还是遏止不住的。我虽然辅万物的自然而不敢为，而万物化而欲作，恐终不是无名之朴可以镇压得住。在后世，尽有清心寡欲的君主，然而对于社会，还是丝毫无补，就是这个理由。这一点，讲到将来，还可更形明白，现在姑止于是。只要知道就无为这一点上说，老子的思想，也是落伍的就够了。

或问在古代，民族的竞争极为剧烈，老子如何专教人守雌？固然守雌是有利于竞争的，然而守如处女，正是为出如脱兔之计，而观老子的意思，似乎始终是反对用兵的，既终没有一试之时，蓄力又将作何用？在古代竞争剧烈的世界，如何会有这一种学说呢？我说，中国古代民族的竞争，并不十分剧烈。民族问题的严重，倒是从秦汉以后才开始的。大约古代民族的斗争，只有姬、姜二姓曾有过一次剧烈的战事——河南农耕民族，与河北游牧民族之战——其结果，黄帝之族是胜利了。经过颇短的时间，就和炎帝之族同化。其余诸民族，文化程度，大抵比炎黄二族为低，即战斗力亦非其敌。所以当时，在神州大陆上，我们这一个民族——炎黄混合的民族——是侵略者。其余的民族——当时所谓夷蛮戎狄——是被侵略者。我们这时候所怕的，是贪求无厌，黩武不已，以致盛极而衰，对于异族的斗争，处于不利的地位；而同族间也要因此而引起分裂。至于怕异族侵略，在古代怕是没有这事的。如其有之，道家和儒家等，就不会一味主张慈俭德化；而法家和兵家等，也要以异族为斗争的对象，而不肯专以同族的国家为目标了。我国民族问题的严重，是周秦之际，和蒙古高原的游牧民族接触，然后发生的。在古代骑寇很少，居于山林的异族，所有的只是步兵，而我族则用车兵为主力。毁车崇卒和胡服骑射，都是我族侵略的进步，不是防御行为。中山并非射骑之国，赵武灵王是学了骑寇的长技，再借用骑寇的兵，去侵略中山。

道家中还有一派是庄子。庄子的思想，是和杨朱很为接近的。

现在《列子》中的《杨朱》篇，固然是伪物，然而不能说他的内容全无根据。因为其思想，和《庄子》的《盗跖》篇是很接近的。《盗跖》篇不能认为伪作。这一派思想，对于个人自处的问题，可以"委心任运"四个字包括之。这全是社会病态已深，生于其间的人，觉得他没法可以控制时的表现。至其对于政治上的见解，则杨子拔一毛利天下而不为之说，足以尽之。拔一毛利天下而不为，是怎样一个说法呢？此其理颇为微妙。我们现在且不惮繁复，略述如下：

《吕氏春秋·不二》篇：

> 楚王问为国于詹子。詹子对曰：何闻为身，不闻为国。詹子岂以国可无为哉？以为为国之本，在于为身。身为而家为，家为而国为，国为而天下为，故曰：以身为家，以家为国，以国为天下。

身当如何为法呢？

《淮南子·精神训》：

> 知其无所用，贪者能辞之，不知其无所用，廉者不能让也。夫人主之所以残亡其国家，捐弃其社稷，身死于人手，为天下笑，未尝非为欲也。夫仇由贪大钟之赂而亡其国，虞君利垂棘之璧而禽其身，献公艳骊姬之美而乱四世，桓公甘易牙之和而不以时葬，胡王淫女乐之娱而亡土地。使此五君者，适情辞余，以己为度，不随物而动，岂有此大患哉？

又《诠言训》：

> 原天命，治心术，理好憎，识（适）情性；则治道通矣。原天命则不惑祸福。治心术则不妄喜怒。理好憎则不贪无用。适情性则欲不过节。不惑祸福，则动静循理。不妄喜怒，则赏罚

不阿。不贪无用，则不以欲用害性。欲不过节，则养性知足。
凡此四者，弗求于外，弗假于人，反己而得矣。

野蛮时代之所虑，就是在上者的侈欲无度，动作不循理。其过
于要好的，则又不免为无益的干涉。所以杨朱一派，要使人君自治
其心，绝去感情，洞明事理，然后不做一件无益而有损的事。所以
说："以若之治外，其法可暂行于一国，而未合于人心；以我之治内，
可推之于天下。"话固然说得很精了。然而又说："善治外者，物未必
治。善治内者，物未必乱。"未必乱是物自己不乱，并不是我把他治
好的，设使物而要乱，我即善治内，恐亦将无如之何。固然，人人不
损一毫，人人不利天下，天下治矣。然今天下纷纷，大多数都是利天
下的人，因而又激起少数人，要想摩顶放踵，以利天下。譬如集会之
时，秩序大乱，人人乌合抢攘，我但闭目静坐，何法使之各返其位，各
安其位呢？如其提出这一个问题来，杨朱就将无以为答。然则杨朱
的治天下，等于无术。他的毛病，和老子的无为主义是一样的，他们
还是对于较早的时代的目光。此时的社会，人民程度很低，还没有
"为"的资格。所虑的，是在上的人，领导着他去"为"。老子、庄周的
话，到这种社会里去说，是比较有意思的。到春秋战国时，则其社会
的"为"，已经很久了；不是化而欲作，而是已化而作了。还对他说无
为，何益？

（三）墨　　家

墨家之道原于禹，这句话是不错的。一者《墨子》书中屡次提起
夏禹。二者墨子所定的法度，都是原出于夏的。详见孙星衍《墨子
后序》。

儒家说夏尚忠，又说夏之政忠。忠便是以忠实之心对人；不肯

损人以利己,还要损己以利人。夏朝时代较早,大约风气还很诚朴。而且其时遭遇水患,自然可以激起上下一体,不分人我的精神;和后来此疆彼界的情形,大不相同。由此道而推之,则为兼爱。兼爱是墨学的根本。至其具体的办法,对内则为贵俭,对外则为非攻。

要明白贵俭的意思,首须知道古代的社会和后世不同。后世习惯于私有财产久了,人家没有而我有,公家穷困而私人奢侈,是丝毫不以为奇的。春秋战国时代则不然。其时的社会,去公产之世未远。困穷之日,须谋节省;要节省,须合上下而通筹。这种道理,还是人人懂得的。即其制度,也还有存在的。譬如《礼记·曲礼》说:"岁凶,年谷不登,君膳不祭肺,马不食谷,驰道不除,祭祀不县,大夫不食粱,士饮酒不乐。"《玉藻》说"至于八月不雨,君不举"等都是。卫为狄灭,而文公大布之衣,大帛之冠;齐顷公败于鞍,而七年不饮酒,不食肉,都是实行此等制度的。就越勾践的卧薪尝胆,怕也是实行此等制度,而后人言之过甚。然则墨子所主张的,只是古代凶荒札丧的变礼,并不是以此为常行之政,说平世亦当如此。庄子驳他说"其道大觳,反天下之心,使人不堪",只是说的梦话。<small>不论人家的立场,妄行攻驳,先秦诸子,往往有此病。</small>贵俭的具体办法是节用,古人的葬事,靡费得最利害,所以又要说节葬。既然贵俭,一切图快乐求舒适的事,自然是不该做的,所以又要非乐。

隆古之世,自给自足的农业共产社会,彼此之间,是无甚冲突的,所以也没有争战之事,这便是孔子所谓讲信修睦。后来利害渐渐的冲突了,战争之事就渐起。然而其社会,去正常的状态还未远,也不会有什么残杀掳掠之事,这便是儒家所谓义兵。义兵之说,见于《吕氏春秋》的《孟秋纪》、《淮南子》的《兵略训》,这决不是古代没有的事。譬如西南的土司,互相攻伐,或者暴虐其民,王朝的中央政府,出兵征讨,或易置其酋长,或径代流官,如果止于如此而已,更无他种目的,岂非吊民伐罪?固然,此等用兵,很难保军士没有残杀虏掠的事。然而这是后世的社会,去正常的状态已久,已经有了要残杀虏掠的人;而又用他来编成军队之故。假使社会是正常的,本来没有这一回事,没有这一种人,那末,当征伐之际,如何会有残杀虏掠的行为呢?就是在后世,当兵的人,已经喜欢残杀虏掠了,然而苟得良将以御之,仍可以秋毫无犯。不正常的军队,而偶得良将,还可以秋毫无犯,何况正常的社会中产生出来的正常的军队呢?所以义兵决不是没有的事。再降一步,就要变成侵略的兵了。此等兵,其主要的目的只是争利,大之则争城争地,小之则争金玉重器;次之则是斗气,如争做霸主或报怨之类。此等用兵,没有丝毫正当的理由。然而春秋战国时代的用兵,实以此类的动机为最多。所以墨子从大体上判定,说攻是不义的。既以攻为不义,自然要承认救守是义的了。墨子的话,不过救时之论,和我们现在反对侵略、主张弱小民族自决等一般。人类到底能不能不用兵呢?用兵到底本身是件坏事情,还是要看怎样用法的呢?这些根本问题,都不是墨子计虑所及。拿这些根本问题去驳墨子,也只算是梦话。

在春秋战国时代,有一个共同的要求,是定于一。当时所怕的,不但是君大夫对人民肆行暴虐,尤其怕的是国与国、家与家之间争斗不绝。前者如今日政治的不良,后者如今日军人的互相争斗。两者比较起来,自然后者诒祸更大了。欲除此弊,希望人民出来革命,是没有这回事的。所可希望的,只是下级的人,能服从上级,回复到封建制度完整时代的秩序。此义是儒、墨、名、法诸家共同赞成的。墨家所表现出来的,便是尚同。

当东周之世,又是贵族阶级崩溃,官僚阶级开始抬头的时代。任用官僚,废除贵族,怕除贵族本身外,没有不赞成的。儒家所表现出来的是讥世卿,法家所表现的是贵法术之士,墨家所主张的则为尚贤。

墨子主张行夏道，自然要想社会的风气，回复到夏代的诚朴。其所以致此的手段，则为宗教。所以要讲天志、明鬼。天和鬼都要有意识，能赏罚的，和哲学上的定命论，恰恰相反，定命论而行，天志、明鬼之说，就被取消了。所以又要非命。

墨子的时代，《史记》说："或曰并孔子时，或曰在其后。"这话大约不错的。墨子只该是春秋末期的人。再后，他的思想，就不该如此陈旧了。农家道学的说法，固然更较墨家为陈旧，然只是称颂陈说，墨子则似乎根据夏道，自己有所创立的。然而墨子的思想，也是够陈旧了的。

以墨子之道来救时，是无可非议的，所难的，是他这道理，如何得以实行？希望治者阶级实行么？天下只有天良发现的个人，没有天良发现的阶级；只有自行觉悟的个人，没有自行觉悟的阶级。所以这种希望只是绝路。这固然是诸家的通病，然而从墨子之道，治者阶级，所要实行的条件，比行别一家的道，还要难些。所以墨子的希望，似乎也更难实现些。墨子有一端可佩服的，便是他实行的精神。孟子说他能摩顶放踵，以利天下。《淮南子》说：墨子之徒百八十人皆可使之赴汤蹈火，死不旋踵。这些话，我们是相信的。我尝说：儒侠是当时固有的两个集团。他们是贵族阶级失其地位后所形成的——自然也有一部分新兴的地主，或者工商阶级中人附和进去，然而总是以堕落的贵族为中坚——他们的地位虽然丧失了，一种急公好义、抑强扶弱、和矜重人格的风气还在。因其天性或环境，而分成尚文与尚武两派。孔子和墨子，只是就这两个集团，施以教育。天下惟有团体，才能够有所作为。罗素说："中国要有热心的青年十万人，团结起来，先公益而后私利，中国就得救了。"就是这种意思，孔子和墨子，都能把一部分人团结起来了。这确是古人的热心和毅力，可以佩服之处。然而如此，就足以有为了么？须知所谓化，是两方面都可以做主动,也都可以成被动的。这些道术之士,都想以其道移易天下。他的徒党,自然就是为其所化的人;他和他的信徒,自然总能将社会感化几分;然而其本身,也总是受社会风气感化的。佛陀不是想感化社会的么? 为什么现在的和尚,只成为吃饭的一条路? 基督不是想感化社会的么? 为什么中国称信教为吃教? 固然,这是中国信道不笃的人,然使教会里面而丝毫没有财产,现在热心传教之士,是否还不远千里而来呢? 也是一个疑问。我们不敢轻视宗教徒。其中热心信仰传布的人,我相信他是真的,也相信他是无所为而为之的,然而总只是少数。大多数人,总是平凡的,这是我所敢断言的。所以凭你本领大、手段高,结合的人多,而且坚固,一再传后,总平凡化了,总和普通的人一致了。儒者到后来,变做贪于饮食,惰于作务之徒;墨者到后来,也不看见了,而只有汉时的所谓游侠,即由于此。当孔子周游列国之时,岂不说:“如有用我者,三千弟子,同时登庸,遍布于天下,天下岂不大治?”然而人在得志后的变化,是很难料的。在宰予微时,安知其要昼寝呢? 从汉武帝以后,儒者的被登庸,可说是很多了。孔子周游列国时所希望的,或亦不过如此。然而当时的儒者是怎样呢? 假使墨子而得势,赴汤蹈火之士,安知不变作暴徒? 就使不然,百八十人,总是不够用的;到要扩充时,就难保投机分子不混进来了。所以墨子救世的精神,是很可佩服的,其手段则不足取。

(四) 儒家、阴阳家

儒家的书,传于后世的多了,其政治思想,可考见的也就多,几于讲之不可胜讲。好在儒家之道,在后世最盛行。其思想,几于成为普通思想,人人可以懂得。所以也不必细讲,只要提纲挈领的讲一讲就够了。

儒家的思想，大体是怎样呢？

他有他所想望的最高的境界。这便是所谓大顺。《礼记·乐记》："夫古者，天地顺而四时当，民有德而五谷昌，疾疢不作而无妖祥，此之谓大当。"《礼运》："故事大积焉而不苑，并行而不缪，细行而不失，深而通，茂而有间，连而不相及也，动而不相害也，此顺之至也。"

简而言之，是天下的事情，无一件不妥当；两间之物，无一件不得其所，如此理想的境界，用什么法子去达到他呢？儒者主张根据最高的原理，而推之于人事，所以说：《易》本隐以之显，《春秋》推见至隐。

《易》是儒家所认为宇宙的最高原理的。推此理以达诸人事，所谓本隐以之显。《春秋》是处置人事的法子。人事不是模模糊糊，遇着了随便对付的。合理的处置方法，是要以最高原理为根据的。所以说推见至隐。

宇宙最高的原理，儒家称之为元，所以《易经·乾卦彖辞》说：大哉乾元，万物资始，乃统天。

圣人所以能先天而天弗违，就因其所作为，系根据这一种最高原理。何邵公《公羊解诂》，解释元年春王正月的意义道："春秋以元之气，正天之端；以天之端，正王之政；以王之政，正诸侯之即位；以诸侯之即位，正竟内之治。"

王，根据着宇宙最高的原理，以行政事，而天下的人，都服从他，这便是合理之治实现的方法。

合理之治，是可以一蹴而就的呢，还是要积渐而致的呢？提起这一个问题，就要想到《春秋》三世之义，和《礼运》大同、小康之说。春秋二百四十年，分为三世：第一期为乱世，第二期为升平世，第三期为太平世,是各有其治法的。孔子的意思,是希望把乱世逐渐治好,使之进于升平,再进于太平。据《礼运》之说,孔子似乎承认邃古时代,曾经有一个黄金世界。这个世界,就是孔子所谓大同。其后渐降而入小康。小康以后,孔子虽没有说,然而所谓大同者,当与《春秋》的太平世相当,所谓小康者,当与《春秋》的升平世相当,这是无疑义的,然则小康以后,就是《春秋》所谓乱世,也无可疑的了。所以孔子是承认世界从大同降到小康,再降到乱世,而希望把他从乱世逆挽到升平,再逆挽到太平的。

凡思想,总不能没有事实作根据。中国的文化,是以农业共产社会的文化作中心的,前一讲中,已经述及。此等农业共产的小社会,因其阶级的分化,还未曾显著,所以其内部极为平和;而且因社会小,凡事都可以看得见,把握得住,所以无一事不措置得妥帖。孔子所谓大同,大约就是指此等社会言之。其所希望的太平,亦不过将此等治法,推行之于天下;把各处地方,都造成这个样子。这自然不是一蹴而就的。所以从乱世进到太平,中间要设一个升平的阶段,所谓升平,就是小康。小康是封建制度的初期。虽因各部落互相争斗,而有征服者、被征服者之分,因而判为治人和治于人,食人和食于人的两个阶级,然而大同时代,内部良好的规制,还未尽破坏,总还算得个准健康体,这些话,前一讲中,亦已述及。孔子所认为眼前可取的途径,大约就是想回复到这一个时代。所以孔子所取的办法,是先回复封建完整时代的秩序。

孔子论治,既不以小康为止境,从小康再进于大同的办法,自然也总曾筹议及之。惜乎所传者甚少了。

从乱世进入小康的办法,是怎样呢?

从来读儒家的书的,总觉得他有一个矛盾,便是他忽而主张君权,忽又主张民权。主张君权的,如《论语·季氏》篇所载,礼乐征伐,一定要自天子出;自诸侯出,已经不行;自大夫出,陪臣执国命,就更不必说了。主张民权的,如孟子说民为贵,社稷次之,君为轻;又说闻诛一夫纣矣,未闻弑君也,也说得极为激烈。近四十年来,不论是革命巨子,或者宗社党、遗老,都可以孔子之道自居,这真极天下之奇观了。然则儒家的思想,到底怎样呢?关于这个问题,我以为并不是儒家的思想有矛盾,而是后世读书的人,不得其解。须知所谓"王"与"君",是有区别的。

怎样说"王"与"君"有区别呢?案荀子说:"君者,善群也。群道当,则万物皆得其宜,六畜皆得其长,群生皆得其命。"君怎能使万物如此呢?那就得如班固《货殖传序》所说:这一类材料,古书中不胜枚举,现在只是随意引其一。昔先王之制:自天子公侯卿大夫士,至于皂隶抱关击柝者,其爵禄奉养宫室车服棺椁祭祀死生之制,各有差品,小不得僭大,贱不得逾贵。夫然,故上下序而民志定。于是辨其土地川泽丘陵衍沃原隰之宜,教民种树畜养,五谷六畜及至鱼鳖鸟兽,萑蒲材干器械之资,所以养生送终之具,靡不皆育。育之以时,而用之有节。草木未落,斧斤不入于山林。豺獭未祭,罝网不布于野泽。鹰隼未击,矰弋不施于徯隧。既顺时而取物,然犹山不槎蘖,泽不伐夭,蝝鱼麛卵,咸有常禁。所以顺时宣气,蕃阜庶物,蓄足功用,如此之备也。然后四民因其土宜,各任智力,夙兴夜寐,以治其业,相与通功易事,交利而俱赡,非有征发期会,而远近咸足。故《易》曰:后以财成辅相天地之宜,以左右民。

这便是《荀子》所谓"天有其时,地有其利,人有其治,夫是之谓能参";亦即《中庸》所谓"能尽其性,则能尽人之性;能尽人之性,则能尽物之性;能尽物之性,则可以赞天地之化育;可以赞天地之化育,则可以与天地参"。言治至此,可谓毫发无遗憾了。然而所谓原始的"君"者,语其实,不过是一个社会中的总账房——总管理处的首领——账房自然应该对于主人尽责的。不尽责自然该撤换；撤换而要抗拒，自可加以实力的制裁。这便是政治上所谓革命，丝毫不足为怪。遍翻儒家的书，也找不到一句人君可以虐民、百姓不该反抗的话。所以民贵君轻，征诛和禅让，一样合理，自是儒家一贯的理论，毫无可以怀疑之处。至于原始的"王"，则天下归往谓之王，只是诸侯间公认的首领。他的责任在于：（一）诸侯之国，内部有失政，则加以矫正；（二）其相互之间，若有纠纷，则加以制止或处理。这种人，自然希望他的权力伸张，才能使列国之间，免入于无政府的状态，专恃腕力斗争，其内部则肆无忌惮，无所不为，以为民害。没有王，就是有霸主，也是好的，总胜于并此而无有，所以五霸次于三王。君是会虐民的，所以要主张民权，诸侯则较难暴虐诸侯，如其间有强凌弱、众暴寡的事，则正要希望霸王出来纠正，所以用不着对于天子而主张诸侯之权，对于诸侯而主张大夫之权。这是很明显的理论，用不着怀疑的。王与君的有区别，并不是儒家独特的议论，乃是当时社会上普通的见解。战国之世，卫嗣君曾贬号为君。五国相王，赵武灵王独不肯，曰：无其实，敢处其名乎？令国人谓己曰君，见《史记·赵世家》。就因为只管得一国的事，没有人去归往他之故。春秋之世，北方诸国，莫敢称王，吴楚则否，就因有人去归往他之故。《史记·越勾践世家》说：越亡之后，"诸族子争立，或为王，或为君，滨于江南海上，服朝于楚"。服朝于人的人，也可以称王，便见吴楚的称王，不足为怪了。天无二日，民无二王，是儒家的理想，不是古代的事实。在事实上，只要在一定的区域中，没有两个王就行了。

　　臣与民是有区别的。臣是被征服的人，受征服阶级的青睐，引为亲信，使之任某种职务，因而养活他的。其生活，自然较之一般被征服者为优裕；甚至也加以相当的敬礼。如国君不名卿老世妇之类。为之臣者，感恩知己，自然要图相当的报称。即使没有这种意气相与的关系,而君为什么要任用臣? 臣在何种条件之下,承认君的任用自己? 其间也有契约的关系,契约本来是要守信义的,所以说事君"先资其言,拜自献其身,以成其信";"是故君有责于其臣,臣有死于其言"。见《礼记·表记》。君臣的关系,不过如此。"谋人之军师,败则死之,谋人之邦邑,危则亡之",见《礼记·檀弓》。就不过是守信的一种。至于"生共其乐,死共其哀",秦穆公和三良结约的话,见《韩诗外传》。则已从君臣的关系,进于朋友,非凡君臣之间所有了。这是封建时代的君臣之义,大约是社会上所固有的。儒家进一步,而承认臣对于君自卫的权利。所谓"君之视臣如草芥,则臣视君如寇仇;寇仇,何服之有"?《孟子·离娄下》。这是承认遇见了暴君,人臣没有效忠的义务的。再进一步,则主张臣本非君的私人,不徒以效忠于君为义务。所谓"有安社稷臣者,以安社稷为悦";《孟子·尽心上》。"若为己死而为己亡,非其私昵,谁敢任之"? 齐庄公死后晏子说的话,见《左传》。这是儒家对于君臣之义的改善。君臣尚且如此,君民更不必说了。古代的人,只知道亲族的关系,所以亲族以外的关系,也以亲族之道推之,所以以君臣和父子等视;所以说臣弑其君,子弑其父,是人伦的大变。然而既已承认视君如寇仇,则弑君之可不可,实在已成疑问;臣且如此,民更不必说了——在古代,本亦没有民弑其君这句话。儒家君臣民之义,明白如此。后世顾有以王朝倾覆,樵夫牧子,捐躯殉节为美谈的,那真不知是从何而来的道理了。

　　儒家是出于司徒之官的,司徒是主教之官,所以儒家也最重教化。这是人人能明白的道理,用不着多讲。所当注意的,则(一)儒家之言教化,养必先于教。"救死而恐不赡,奚暇治礼义哉"? 生活问题如没有解决,在儒家看起来,教化两字,简直是无从谈起的。(二)儒家养民之政,生产、消费、分配,三者并重,而其视消费和分配,尤重于生产。因为民之趋利,如水就下,只要你不去妨害他,他对于生产,自然会尽力的,用不着督促,倒是分配而不合理,使人欲生产而无从;消费而不合理,虽有一部分尽力于生产的人,亦终不能给足;而且奢与惰相连,逾分的享用,会使人流于懒惰。所以制民之产,和食之以时,用之以礼,同为理财的要义,不可或缺。(三)所谓教化,全是就实际的生活,为之轨范。譬如乡饮酒礼,是所以教悌的;乡射礼,是所以教让的,都是因人民本有合食会射的习惯,因而为之节文,并非和生活无关的事,硬定出礼节来,叫人民照做;更非君与臣若干人,在庙堂之上,像做戏般表演,而人民不闻不见。可参看《唐书·礼乐志序》。这三点,是后世的人,颇欠注意的;至少,对于此等关系,看得不如古人的清澈。

儒家又有通三统之说。所谓通三统,是封前代的二王之后以大国,使之保存其治法,以便自己的治法不适宜时,取来应用。因为儒者认为"三王之道若循环,终而复始"。所谓三王之道若循环,便是:"夏之政忠。忠之敝,小人以野,故殷人承之以敬。敬之敝,小人以鬼,故周人承之以文。文之敝,小人以薄,故救薄莫若以忠。"《史记·高祖本纪赞》。薄,今本作"僿",徐广曰:"一作薄。"今从之。

儒家一方面兼采四代之法,以为创立制度的标准,而于施政的根本精神,则又斟酌于质文二者之间,其思虑可谓很周密了。所谓四代,就是虞、夏、殷、周。虞、夏的治法,大概是很相近的,所以有时也说三代。孔子兼采四代之法,读《论语·卫灵公篇》颜渊问为邦一节,最可见之。孔子答颜渊之问,是"行夏之时,乘殷之辂,服周之冕,乐则韶舞"。并不是为邦之事尽于此四者,这四句,乃是兼采四代,各取所长之意。孔子论治国之法,总是如此的,散见经传中的,不胜枚举。这是他精究政治制度,而又以政治理论统一之的结果。以政治思想论,是颇为伟大的。这不但儒家如此,就阴阳家也是如此。

　　阴阳家之始,行夏之时一句话,就足以尽其精义。阴阳家是出于羲和之官的,是古代管天文历法的官。古代生计,以农为本,而农业和季节,关系最大,一切政事,不论是积极的,消极的,都要按着农业的情形,以定其施行或不施行。其具体的规则,略见于《礼记》的《月令》、《吕氏春秋》的《十二纪》、《管子》的《幼官》、《淮南子》的《时则训》。这四者是同源异流,大同小异的。颜渊问为邦,孔子所以要主张行夏之时,因为行夏时,则(一)该办的事,都能按时兴办;(二)不该办的事,不致非时举行。好比在学校里,定了一张很好的校历,一切事只要照着他办,自然没有问题了。孔子所以主张行夏之时是为此,并非争以建寅之月为岁首。空争一个以某月为岁首,有什么意义呢? 阴阳家本来的思想,亦不过如此。这本是无甚深意的,说不上什么政治思想。至于政令为什么不可不照着这个顺序行,则他们的答案是天要降之以罚。所谓罚,就是灾异,如《月令》等书有载,春行夏令,则如何如何之类,这并不离乎迷信,更足见其思想的幼稚了。但是后来的阴阳家,却不是如此。

　　阴阳家当以邹衍为大师。邹衍之术,《史记》说他:"深观阴阳消息,而作怪迂之变,《终始》、《大圣》之篇,十余万言。其语闳大不经。必先验小物,推而大之,至于无垠。先序今以上至黄帝,学者所共术。大并世盛衰。因载其祯祥度制,推而远之,至天地未生,窈冥不可考而原也。……称引天地剖判以来,五德转移,治各有宜,而符应若兹。"

　　邹衍的五德终始,其意同于儒家的通三统。他以为治法共有五种,要更迭行用的。所以《汉书·严安传》引他的话,说:"政教文质者,所以云救也。当时则用,过则舍之,有易则易之。"其意跃然可见了。《史记》说衍之术迂大而闳辨,奭也文具难施,则邹奭并曾定有实行的方案,惜乎其不可见了。阴阳家的学说,缺佚太甚,因其终始五德一端,和儒家的通三统相像,所以附论之于此。核其思想发生的顺序,亦必在晚周时代,多见历代的治法,折衷比较,然后能有之。然其见解,较之法家,则又觉其陈旧。所以我以为他是和儒家同代表西周时代的思想的。

儒家的政治思想,是颇为伟大周密的,其缺点在什么地方呢?那就在无法可以实现。儒家的希望,是有一个"王",根据着最高的原理,以行政事,而天下的人,都服从他。假如能够办到,这原是最好的事。但是能不能呢?其在大同之世,社会甚小,事务既极单简,利害亦相共同;要把他措置得十分妥帖,原不是件难事。但是这种社会,倒用不着政治了——也可以说本来没有政治的。至于扩而大之,事务复杂了,遍知且有所不能,何从想出最好的法子来?各方面的利害,实在冲突得太甚了,调和且来不及,就有好法子,何法使之实行?何况治者也是一个人,也总要顾着私利的。超越私人利害的人,原不能说是没有,但治天下决不是一个人去治,总是一个阶级去治,超越利害的私人,则闻之矣,超越利害之阶级,则未之闻。所以儒家所想望的境界,只是镜花水月,决无实现的可能。儒家之误,在于谓无君之世的良好状态,至有君之世,还能保存;而且这个"君道",只要扩而充之,就可以做天下的"王"。殊不知儒家所想望的黄金世界,只是无君之世才有,到有君之世,就不是这么一回事了。即使退一步,说有君之世,也可以有一个准健康体,我们的希望,就姑止于是,然而君所能致之治,若把"君"的地位抬高扩大而至于"王",也就无法可致了。因为治大的东西,毕竟和小的不同;对付复杂的问题,到底和简单的不同。所以儒家的希望,只是个镜花水月。

(五)法 家

法家之学,在先秦诸子中,是最为新颖的。先秦诸子之学,只有这一家见用于时；而见用之后，居然能以之取天下，确非偶然之事。

法家之学，详言之，当分为法术两端，其说见于《韩非子》的《定法》篇。法术之学的所以兴起，依我看来，其理由如下：

（1）当春秋之世，列国之间，互相侵夺；内之则暴政亟行。当此之时，确有希望一个霸或王出来救世的必要——后来竟做到统一天下，这是法家兴起之世所不能豫料的。法家初兴之时，所希望的，亦不过是霸或王。而要做成一个霸或王，则确有先富国强兵的必要。要富国强兵，就非先训练其民，使之能为国效力不可。这是法家之学之所以兴起的原因。

（2）一个社会中，和一人之身一样的。不可有一部分特别发达。一部分特别发达，就要害及全体了。然社会往往有此病。一社会中特别发达的一部分，自然是所谓特权阶级。国与民的不利，都是这一阶级所为。法家看清了这一点，所以特别要想法子对付他。

法家主要的办法，在"法"一方面，是"一民于农战"。要一民于农战，当然要抑商贾，退游士。因为商贾是剥削农民的，商贾被抑，农民的利益，才得保全。国家的爵赏有限，施之于游士，战士便不能见尊异。"术"一方面的议论，最重要的，是"臣主异利"四个字。这所谓臣，并不是指个人，而是指一个阶级。阶级，在古人用语中，谓之朋党。朋党并不是有意结合的，只是"在某种社会中，有某种人，在某一方面，其利害处于共同的地位；因此有意的，无意的，自然会做一致的行动"。不论什么时代、什么社会里，总有一个阶级，其利害是和公益一致的。公共的利益，普通人口不能言，而这一阶级的人，知其所在；普通人没有法子去趋到，而这一阶级的人，知其途径，能领导着普通人去趋赴；他们且为了大众，而不恤自己牺牲。这一个阶级，在这个时代，就是革命的阶级。社会的能否向上，就看这一个阶级能够握权周否。这一个阶级，在法家看起来，就是所谓法术之士。

法家本此宗旨,实行起来,则其结果为:

(一)官僚的任用。这是所以打倒旧贵族的。李斯《谏逐客书》庸或言之过甚,然而秦国多用客卿,这确是事实。《荀子·强国》篇说:"入秦……及都邑官府,其百吏肃然,莫不恭俭敦敬忠信而不楛,古之吏也。入其国,观其士大夫。出于其门,入于公门,出于公门,归于其家,无有私事也;不比周,不朋党,偶然莫不明通而公也,古之士大夫也。观其朝廷,其间听决,百事不留,恬然如无治者,古之朝也。"这就是多用草茅新进之士的效验,腐败的旧贵族,万办不到的。秦国政治的所以整饬,就得力于此。

(二)国民军的编成。古代造兵之法有两种:其一如《管子》所述轨里连乡之制。有士乡,有工商之乡。作内政寄军令之法,专施之于士乡,工商之乡的人,并不当兵。此法兵数太少,不足以应付战国时的事势。其二是如《荀子·议兵》篇所述魏国之法。立了一种标准,去挑选全国强壮的人当兵。合格的,就复其户,利其田宅。这种兵是精强了。然而人的勇力,是数年而衰的,而复其户,利其田宅的利益,不能遽行剥夺。如此,要编成多数的兵,则财力有所不给;若要顾虑到财政,则只好眼看着兵力的就衰。所以这种兵是强而不多,甚至于并不能强。只有秦国的法,刑赏并用,使其民非战无以要利于上,才能造成多而且精的兵。秦国吞并六国时,其兵锋东北到辽东,东南到江南。其时并不借用别地方的兵,都是发关中的军队出去打的。这是何等强大的兵力? 秦人这种兵力,都是商君变法所造成。

以上两端,是法术之学应用到实际的效果。法家的长处,在于最能观察现实,不是听了前人的议论,就终身诵之的。所以他在经济上的见解,也较别一家为高超。儒家主张恢复井田,他则主张开阡陌。儒家当商业兴起之世，还说市廛而不税，关讥而不征。他则有轻重之说：主张将（一）农田以外的土地——山泽，和（二）独占的大企业——盐铁，收归国营；而（三）轻重敛散和（四）借贷，亦由国家操其权；免得特殊阶级，借此剥削一般人。轻重之说，不知当时曾否有个国家实行？开阡陌一事，虽然把古来的土地公有制度破坏了，然而照我们的眼光看，土地公有之制，在实际是久经破坏了的，商君不过加以公开的承认；而且在当时，一定曾借此施行过一次不回复旧法的整理。这事于所谓尽地力，是很有效的，该是秦国致富的一个大原因。

法家的政策如此，至其所以行之之道，则尽于"法自然"三字。法自然含有两种意义。其一自然是冷酷的，没有丝毫感情搀杂进去，所以法家最戒释法而任情。其二自然是必然的，没有差忒的，所以要信赏必罚。

法家之学，在先秦诸子中，是最新颖的，最适合于时势的，看上文所说，大略可以知道了。法家亦是先秦诸子之一，怎么在前面，又说先秦诸子的思想，都是落伍的呢？法家之学，亦自有其落伍之处。落伍之处在哪里呢？便是不知道国家和社会的区别。国家和社会，不是一物，在第二讲中，早已说过了。因此，国家和社会的利益，只是在一定的限度内是一致的，过此以往，便相冲突。国家是手段，不是目的。所以国家的权力，只该扩张到一定的程度，过此以往，便无功而有罪。法家不知此义，误以为国家的利益，始终和社会是一致的。社会的利益，彻头彻尾，都可用国家做工具去达到，就有将国权扩张得过大之弊。秦始皇既并天下之后，还不改变政策，这是秦朝所以灭亡的大原因。这种错误，不是秦始皇个人的过失，也不是偶然的事实；而是法家之学必至的结果。所以说法家的思想，也是落伍的。这一层道理，说起来话很长，现在仅粗引其端，其详细，讲到将来，自然更可明白。

　　"名法"二字，在古代总是连称的。名家之学，如惠施、公孙龙等，所说很近乎诡辩，至少是纯粹研究哲理的，如何会和法家这种注重实用的学问，发生密切的关系呢？关于这个问题，我的意见如此：礼是讲究差别的。为什么要差别，该有一个理论上的根据，从此研求，便成名家之学，而法家之学，是要讲综核名实的。所谓综核名实，含有两种意义：（一）察其实，命之以名。如白的称他为白，黑的称他为黑；牛呼之为牛，马呼之为马。此理推之应用，则为因才任使，如智者使之谋，勇者使之战。（二）循其名，责其实。有谋的责任的，不该无所用心；有战的责任的，不该临阵奔北。如此当加之以罚，能尽职则加之以赏。名家玄妙的理论，虽和法家无关，而其辨别名实的精细，则于法家的理论，深有裨益，所以法家亦有取于名家。名家关涉政治的一方面，已为法家所包含。其玄妙的一部分，则确与政治无关，所以现在不再讲述。还有兵家，亦不是单讲战守的，其根本问题，亦往往涉及治国。这一部分，亦已包含于法家之中，所以今亦不述。

第五讲　秦汉时代的社会

　　秦以前的政治，和周以前不同，是谁都会说的。然则其不同之处究竟安在呢？

　　秦始皇并天下后，令丞相御史说：天下大定，而名号不更，无以称成功，传后世。命他们议自己的称号，丞相御史等议上尊号的奏，亦说他"平定天下，海内为郡县，法令由一统，自上古以来未尝有，五帝所不及"。后来赵高弑二世，召集诸大臣公子说："秦故王国，始皇君天下，故称帝。今六国复自立，秦地益小，乃以空名为帝，不可；宜为王如故。"于是立公子婴为秦王。据此看来，当时的人，对于皇和帝的观念，确是不同的。其异点，就在一"君天下"，一不君天下。当春秋时代和战国的前半期，希望尽灭诸国，而自己做一个一统之君，这种思想，大概还无人敢有。并吞六国、统一天下的思想，大概是发生于战国的末期的。前此大家所希望的，总不过是霸或王罢了。然而列国纷争，到底不是苏秦的合从所能加以团结，亦不是张仪的连衡，所能息其兵戈；悬崖转石之机，愈接愈厉，到底并做一国而后已。这可以说是出于前此政治家的虑外的。

　　帝政成功，则（一）内战可息；（二）前此列国间经济上的隔阂，亦可消除；如撤去列国时代所设的关，出入无需通行证。而且统一之后，对外的力量，自然加强；中国未统一时，蒙古高原不曾有像汉以后匈奴等强大的游牧民族,是中国的天幸。这确较诸霸或王更为有利。但是帝政成功了,君政却全废坠了。

怎样说帝政成功,而君政废坠呢? 原来"君者善群也"。他的责任,就是把一群中的事情,措置得件件妥帖。这话,在第四讲论儒家时,业经说过了。原始的君,固未必人人能如此,然以其时的制度论,则确是可以如此的。所以只要有仁君,的确可以希望他行仁政。原来封建政体,即实行分封制的贵族政体中,保留有原始"君"的制度的残余,自从封建政体逐渐破坏,此种制度,亦就逐渐变更了。这话又是怎样说呢? 要明白这个道理,先要知道从封建到郡县,在政治制度上,是怎样的一个变迁。我们都知道:秦汉时的县名,有许多就是古代的国名。这许多县,并不是起于秦的。前此地兼数圻的大国中,早已包含着不少了。这就是(一) 从远古相传的国,被夷灭而成为大国中的一县。这是县的起源的一种。还有(二) 卿大夫的采地,发达而成为县;如《左氏》说晋国韩赋七邑,皆成县之类。(三) 以及国家有意设立的。如商君并小乡聚邑为县。此三者,虽其起源不同,而其实际等于古代的一个国则一。所以县等于国,县令等于国君。以次推之,则郡守等于方伯。然则大夫是什么呢? 那就是秦汉时的三老、啬夫、游徼之属了。士是什么呢? 那就是里魁和什伍之属了。后世都说县令是亲民之官,其实这不过和郡以上的官比较而云然,在实际,县令还不是亲民的。若乡老以下诸职,通统没有,做县令的,也就无所施其技,虽欲尽其"君者善群"的责任而不得了。从秦汉以后,这种职守,渐渐的没落而寖至于无。所以做县令的人,也一事不能办,而只得以坐啸卧治,花落讼庭闲,为为治的极则。县令如此,郡以上的官,更不必说了。所以说"帝政成功,而君政废坠"。

君政为什么会废坠呢? 于此,我们又得知道政治上阶级变迁的情形。古代的治者阶级是贵族。他的地位,是因用兵力征服被治者而得的。后世的治者阶级是官僚,官僚是君主所任用的。封建政体的破坏,不但在列国的互相并吞,亦系于一国之中世袭的卿大夫的撤废。卿大夫撤废,皆代之以官僚。灭国而不复封建,而代之以任免由己的守令,亦是如此。所以封建政体灭亡,而官僚阶级,就达于全盛。凡阶级,总是要以其阶级的利益为第一位的;而且总有一种理由,替维持阶级利益做辩护。不一定是私意。官僚阶级里并不是没有好人,尽有顾全公众的利益,而肯牺牲自己的,但是总不免为其所处的地位所局限;以为欲维持公益,非维持其时的社会组织不可,不肖的更不必说了。所以官僚阶级的性质,从理论上说,往往是如此的:

(一) 所尽的责任,减至最小限度。

(二) 所得的利益,扩充至最大限度。

所谓利益,是包含(甲) 权势,(乙) 物质上的收入;(乙)中又包含(A) 俸禄,(B) 一切因做官而得的收入。此种趋势,其限制:是(a) 在上者的督责,(b) 在下者的反抗。除此之外,便要尽量的扩充了。所以怠惰和贪污,乃是官僚阶级的本性,不足为怪。天下尽有不怠惰不贪污的官,此乃其人不但具有官僚性质,而无害于官僚阶级的性质,实系如此,犹之天下尽有不剥削生产者和消费者的商人,然以商业性质论,总是要以最低的价格买进,最高的价格卖出的。

官僚不但指现任官吏,凡(一) 志愿做官,即准备以官为职业的人;与(二) 无官之名,而与官相结托以牟利的人,都该算入官僚阶级之内。至于(三) 为官的辅佐的人,那更不必说了。此三项中,尤以第二项为重要。乡职本来是人民自治的机关,其利益,该与人民一致的。官僚如欲剥削人民,乡职是应该加以反抗的。然到后来,乡职反多与官僚相结合,以剥削人民,即由于官僚阶级扩大,而将第二项人包含进去之故。如此,剥削人民的人,就日益增多,政治上顾全全体利益的方面，就不得不加以制止。要设立许多监察官，去监察乡老以下的自治职，是办不到的。就只得干脆把他废掉。这是汉世很有权威的三老啬夫等职，到后来所以有名无实，甚至并其名而无之的原因。隋世禁乡老听讼，为其间之一大转关。此等自治职既废，与官相结托以剥削人民者，遂变为现在的土豪劣绅；而自治职之仅存其名者，则沦为厮养，其本身变为被剥削者。以上是说第二项人。至于第一项，即所谓读书人。他们现在虽不做官，然而官僚阶级的得以持续，所靠的实在是这一项人。而且官僚阶级维护其阶级的理论，亦从这一项人而出。所以其关系也是很重要的。这一项人，未必都得到官做，然而前述的第二项中，包含这一项人实甚多；而且很容易转入第三项中的甲项。第三项，依其性质，再分为三类：即（甲）幕友，凡以学识辅助官者属之。（乙）胥吏，为官办例行公事。（丙）厮役，供奔走使令。（乙）之自利方法为舞文。（丙）之自利方法为敲诈。（甲）无与人民直接的机会，如欲剥削人民，必须与（乙）、（丙）或前述的第二项人联合。然官吏的固位、邀宠、卸责的谋划，大多出于甲类的人；而如干谒、行贿等事，甲类中人，亦可代为奔走。

　　凡一阶级，当其初兴之时，其利害，总是和大多数被压迫的人一致的。及其成功，即其取敌对阶级的地位而代之之时，其利害，便和大多数人相反了。官僚阶级取贵族而代之，即系如此。当这时代，大多数的人民，是怎样呢？因为凡稍有才力的人，都升入官僚阶级里去了。官僚阶级的数量，略有定限，自然有希望走进去而始终走不进的人。然而达得到目的与否是一事，抱这目的与否，又是一事。他们虽始终走不进去，总还希望走进去，而决不肯退到平民这一方面来，和官僚斗争。于是人民方面所剩的，就只是愚与弱。除掉以暴动为反抗外，就只有束手待毙。苏东坡《志林》论战国任侠最能道破此中消息。

　　在第二讲中不是说过么？凡社会总有两条心的：即（一）公心，（二）私心。私心虽是要自利，公心总是要利人的。贵族虐民，而官僚阶级出来和他反抗，就是公心的表现。即所谓法术之士。然则到官僚阶级转而虐民的时候，这种公心，到什么地方去了呢？不错，公心是无时而绝的，但是公心要有一条表显的路。在从前贵族阶级跋扈时，法术之士——即官僚阶级的前身，是作为君主为代表公心的机关，教他行督责之术，去打倒贵族阶级的。这时候，官僚阶级既代居贵族的地位，君主应即以其人之道，还治其人之身。但是理想是理想，事实是事实。理想的本性，总想做到十分，一落入事实界，就只能做到两分三分了。君主所行的是政治，政治是实际的事务。凡实际的事务，总是带有调和的性质的，即是求各种势力的均衡。官僚和民众的利益，是处于相反的地位的。而这两个阶级，都有相当的势力，做君主的，不但不能消灭那一方面，并不能过于牺牲那一方面，亦只得求其势力的均衡。所以做君主的，也只能保障官僚的剥削平民，限于某一限度以内。过此以往，便不能为人民帮忙。从前官场中总流行着一种见解："人民固应保护，做官的人，也该叫他有饭吃。"——譬如你为保护人民故，而裁撤官吏所得的陋规，官场中人，就会把这话批评你——就是这种意识的表现。

　　所以这时候的平民，自己是既愚且弱，不会办什么事了。官吏在责任减至最小限度、权利扩至最大限度的原则下，不会来替你办什么事的；而且你要自己办事，还会为其所破坏。为什么呢？因为你会办事，你的能力就强了，就会反抗官吏的诛求。而且你有余款，照理，官吏是要榨取去的，怎会让你留着，谋你们的公益事务呢？如此，凡人民相生相养之事，在古代，由其团体自谋，而其后由人君代管其枢者，至此，乃悉废坠而无人过问，而人民遂现出极萧索可怜的状态。中国后世的人，都要讴思古代，这并不是无因的。因为表显在古书中那种"百废俱举，即人和人相生相养之事，积极的有计划、有规模，而人不是在最小限度之下，勉强维持其生存的现象"，在后世确乎是不可见了。在物质文明方面，总是随着时代而逐渐进步的，在社会组织方面，则确乎是退步了。人，究竟在物质文明进步、社会组织退步的环境中所得的幸福多呢，还是在物质文明较低、社会组织合理的环境中所得的幸福多呢？这本是很难说的话。何况想像的人，总只注意到古代社会组织合理的一方面，而不甚注意到其物质不发达的一方面呢？讴歌古代，崇拜古代，又何足为怪呢？所以说：帝政成功，君政废坠，实在是政治上的一个大变迁。

人，虽然和盲目的一般，不大会知道他自己所该走的路。然而经长时期的暗中摸索，也总会走上了该走的路。帝政的成功，君政的废坠，既然是政治退化的大原因，人为什么不回到老路上去，把一个大帝国，再斫而小之呢？此则由于人类本来是要联合的。无论从物质方面，精神方面讲，都是如此。而且全世界未至于风同道一，则不能不分为许多民族和国家。异民族和异国家之间，是常有冲突的。有冲突，我们亦利于大。这是已成的大帝国，不能斫而小之的原因。国既不能斫而小之，而国之内又不能无利害冲突，则只有仰戴一个能调和各阶级利害的君主，以希冀保持各阶级间势力的均衡了。帝政从秦灭六国之岁，至于亡清逊位之年，凡绵历二千余载，其原理即由于此。

然则当其时，在政治上，为人民的大害的，就是官僚——用旧话说，可以说是士大夫阶级——要治天下，就是要把这一个阶级划除，但是要把这一个阶级划除，除非人民自行觉悟奋起不可——君主只能调和于两者之间，前面已经说过了——这是谈何容易的事。所以这时代，所谓政治思想，亦都是官僚阶级的政治思想。官僚阶级的政治思想，又是怎样呢？凡是人的思想，总不免于落伍，这个道理，在第四讲中，已可明白。所以周秦的思想，在周秦之世，已经落伍了，而汉以后人还是沿袭着它，他们受时势的影响而有所发展，可以分做三派：

其一，是看到人民的贫苦愚弱，而想要救济他们的，却没有想到救济人民，没有这一个操刀代斫的阶级。你叫他操刀，他就不代人家斫，而为着自己的目的斫了。

其二，是看到官僚阶级的罪恶，想要对付他的。但是此时的官僚阶级，和前此的贵族阶级不同，前此的贵族阶级，已经走到末路了，所以有新兴的官僚阶级出来打倒他。此时的官僚阶级则尚未至于末路，没有新兴的阶级，所以他始终没有被打倒。

其三，亦知道下级人民，贫苦愚弱得可怜。但是社会的本身，复杂万分。什么事都不是直情径行，所能达其目的的，不但不能达其目的，还怕像斯宾塞所说的那样：修理一块失平的金属板，就在凸处打一锤，凸处没有平，别的地方，倒又凹凸不平起来了。所以照这派人的意见，还是一事不办的好。

这三派的思想，我们把他排列起来，则

（一）左派：儒家。

（二）中间派：法家。

（三）右派：道家。

我们现在，却先从道家讲起。

第六讲　汉代的政治思想

　　道家是汉定天下以后最早得势的学派。他的思想我们可以盖公和汲黯两个人来做代表。盖公之事,见于《史记·曹相国世家》。《曹相国世家》说,曹参以孝惠帝元年做齐国的丞相,此时天下初定,参尽召长老诸生,问所以安集百姓,诸儒以百数,言人人殊,参未知所定。闻胶西有盖公善治黄老言,使人厚币请之。盖公为言治道贵清静而民自定。曹参听了他的话,相齐九年,齐国安集,人称贤相。后来做了汉朝的宰相,也还是用这老法子。《史记》上记载这两件事,最可见得当时道家的态度:"参去,属其后相曰:以齐岳市为寄,慎勿扰也。后相曰:治无大于此者乎? 参曰不然,夫岳市者,所以并容也,今君扰之,奸人安所容也? 吾是以先之。"

　　为汉相国,举事无所变更,一遵萧何约束。择郡国吏,木讷于文辞,重厚长者,即召除为丞相史。史之言文刻深,欲务声名者,辄斥去之。

　　于此,我们可以知道道家的得失。他的所谓并容里面,实包含着无限的丑恶。不务绝奸人,而反求所以并容之,天下哪有这治法? 然而却能得到好声名,这是何故? 原来天下事最怕的,是上下相蒙。大抵善为声名的人,总是涂泽表面,而内容则不堪问。你叫他去治岳市,他在表面上替你把岳市治得很好了,便是你自己去查察,也看不出什么毛病来,然而实际可以更坏。为什么呢?(一)他会嘱咐手下的人,说丞相要来查察什么什么事情——表面上的——你们要得当心些,暗中就可风示他,实际的事情拆烂污些不妨,甚至于公然嘱咐,只要涂泽表面就够了。如此,手下的人本来胆小不敢作弊的,就敢作弊了。本来老实不会作弊的,就会作弊了。(二)他可以威胁岳市中的人不敢举发他的弊病,甚而还要称颂他。(三)而他还可以得些物质上不正当的利益。所谓巧宦,其弊如此。所以用这一种人去治国,是旧弊未除,又生新弊。简而言之,就是弊上加弊,弊+弊=2弊。倒不如用老实的人,他虽无能力改良事情的内容,倒也想不出法子来,或者虽想得出法子而也不敢去涂泽表面,这却是弊+0,所以从来用质朴无能的人,可以维持现状,使其不致更坏,即由于此。这就是曹参的所以成功,岂但曹参,汉文帝所以被称为三代后的贤君,也不外乎这个道理。所以后来汉武帝所做的事情,有许多并不能说是没有理由,至少他对朝臣所说的吾欲云云,其所云云者,决不是坏话,然而汲黯看了,他就觉得很不入眼,要说他内多欲而外施仁义,奈何欲效唐虞之治了。

　　然则在中国历史上,放任政策总得到相当的成功,确有其很大的理由。这种放任政策确也不能不承认他是有相当的长处。然而其长处,亦只是维持现状而已,要说到改进治化就未免南辕北辙。试即以汉文帝之事为证。《史记·平准书》说:"至今上即位数岁,汉兴七十余年之间,国家无事,非遇水旱之灾,民则人给家足,都鄙廪庾皆满,而府库余货财。京师之钱累巨万,贯朽而不可校。太仓之粟,陈陈相因,充溢露积于外,至腐败不可食。众庶街巷有马,阡陌之间成群,而乘字牝者摈而不得聚会。守闾阎者食粱肉,为吏者长子孙,居官者以为姓号,故人人自爱而重犯法,先行谊而后绌耻辱焉。当是之时,网疏而民富,役财骄溢,或至兼并,豪党之徒,以武断于乡曲。"

兼并总是行于民穷财尽之时的,果真人给家足,谁愿受人的兼并?又谁能兼人?然则《史记》所述富庶的情形,到底是真的呢,假的呢?从前有人说所谓清朝盛时的富庶,全是骗人的。不然为什么当时的学者如汪中、张惠言等,据其自述未达之时,会穷苦到这步田地,难道这些学者都是骗人的么?我说两方面的话,都是真的。大抵什么时代都有个不受人注意的阶级,他就再困苦煞,大家还是不闻不见的。所谓政简刑清,所谓人给家足,都只是会开口的、受人注意的阶级,得些好处罢了。所以董仲舒说:"富者田连阡陌,贫者亡立锥之地,又颛川泽之利,筦山林之饶,荒淫越制逾侈以相高,邑有人君之尊,里有公侯之富。……贫民常衣牛马之衣,而食犬彘之食。"

晁错也说:"今农夫五口之家,其服役者不过二人,其能耕者不过百亩,百亩之收,不过百石。春耕夏耘,秋获冬藏,伐薪樵,治官府,给繇役,春不得避风尘,夏不得避暑热,秋不得避阴雨,冬不得避寒冻,四时之间,亡日休息。又私自送往迎来,吊死问疾,养孤长幼在其中。勤苦如此,尚复被水旱之灾,急政暴虐,赋敛不时,朝令而暮改。当其有者半价而卖,亡者取倍称之息,于是有卖田宅鬻子孙以偿责者矣。而商贾大者积贮倍息,小者坐列贩卖,操其奇赢,日游都市,乘上之急,所卖必倍。故其男不耕耘,女不蚕织,衣必文采,食必粱肉,亡农夫之苦,有阡陌之得,因其富厚,交通王侯,力过吏势,以利相倾,千里游敖,冠盖相望,乘坚策肥,履丝曳缟,此商人所以兼并农人,农人所以流亡者也。"

观此则《史记》所谓人给家足,是什么人,什么家,就很可以明白了,何怪其有兼并和被兼并的人呢?然则《汉书·刑法志》说:"及孝文即位,躬修玄默,劝趣农桑,减省租赋。而将相皆旧臣,少文多质,惩恶亡秦之政,论议务在宽厚,耻言人之过失。化行天下,告讦之俗易,吏安其官,民乐其业,畜积岁增,户口寖息,风流笃厚,禁网疏阔。选张释之为廷尉,罪疑者予民,是以刑罚大省,至于断狱四百,有刑错之风。"

这所谓禁网疏阔,就是《史记·平准书》所谓网疏;断狱四百,并非天下真没有犯罪的人,不过纵释弗诛罢了。所纵释的是何等样人,也就可想而知了。所以历代的放任政策,其内容,是包含着无限的丑恶的。难怪儒家要主张革命了。

汉代儒家的思想,可以分为两大端:一为均贫富,一为兴教化。他们的均贫富,还是注意于平均地权,激烈的要径行井田,缓和的则主张限民名田。他们对于经济的发展,认识是不足的,所以都主张重农抑商,主张返于自给自足时代经济孤立的状况。这个读《盐铁论》的《散不足》篇最易见得。关于经济问题,近来研究的人多了,书籍报章杂志时有论述,大家都有些知道,现因时间短促,不再多讲。现在且略述汉儒兴教化的问题。

汉儒对于兴教化,有一点,其见解是远出于后世人之上的。我们试看《史记·叔孙通传》,当他要定朝仪的时候:"使征鲁诸生三十余人。鲁有两生不肯行,曰:……今天下初定,死者未葬,伤者未起,又欲起礼乐。礼乐所由起,积德百年而后可兴也。吾不忍为公所为,公所为不合古。"

这正和古人所谓先富后教,乐事劝功,尊君亲上,然后兴学同。所以汉人所谓兴教化,其根本乃在于改制度。我们试看《汉书·贾谊传》载他的话说:"秦人家富子壮则出分,家贫子壮则出赘。借父耰鉏,虑有德色,母取箕帚,立而谇语;抱哺其子,与公并倨,妇姑不相说,则反唇而相稽。其慈子耆利,不同禽兽者亡几耳。……天下大败,众掩寡,知欺愚,勇威怯,壮陵衰,其乱至矣。……其遗风余俗，犹尚未改，今世以侈靡相竞，而上亡制度，弃礼义，捐廉耻，日甚，可谓月异而岁不同矣。逐利不耳，虑非顾行也，今其甚者，杀父兄矣。盗者剟寝户之帘，搴两庙之器，白昼大都之中，剽吏而夺之金，矫伪者出几十万石粟，赋六百余万钱，乘传而行郡国，此其亡行义之尤至者也。"可谓痛切极了。而他又说："而大臣特以簿书不报，期会之间，以为大故。至于俗流失，世败坏，因恬而不知怪，虑不动于耳目，以为是适然耳。夫移风易俗，使天下回心而乡道，类非俗吏之所能为也。……夫立君臣，等上下，使父子有礼，六亲有纪，此非天之所为，人之所设也。夫人之所设，不为不立，不植则僵，不修则坏。"

他之所谓设则是："以为汉兴二十余年，天下和洽，宜今"义"字。当改正朔，易服色制度，定官名，兴礼乐，乃草具其仪法，色上黄，数用五，为官名悉更，奏之。"

色上黄，数用五，由今看来，固然是毫无关系之事，如此改革，似乎滑稽而且不离乎迷信，然而古人所谓改正朔、易服色等事，并不是像后世止于如此而已，而是相连有一套办法的。这个读第四讲中论儒家的话已可见得。然则当时贾谊所主张改变的，决不止此两事，不过《史记》《汉书》都语焉不详罢了。但看他"为官名"三个字——这是改变一切机关——便可知其改革规模之大。

再一个显著的例，便是董仲舒。他说："自古以来，未尝有以乱济乱，大败天下如秦者也。其遗毒余烈，至今未灭。使习俗薄恶、人民嚣顽，抵冒殊扞，孰烂如此之甚者也。孔子曰：'腐朽之木不可雕也，粪土之墙不可圬也。'今汉继秦之后，如朽木粪墙矣。虽欲善治之，亡可奈何。法出而奸生，令下而诈起，如以汤止沸，抱薪救火，愈甚亡益也。窃譬之，琴瑟不调，甚者必解而更张之，乃可鼓也。为政而不行，甚者必变而更化之，乃可理也。"

董仲舒对于汉代制度的改革，是大有功劳的人。"推明孔氏，抑黜百家，立学校之官，州郡举茂材孝廉，皆自仲舒发之"。

其尤激烈的则为翼奉。他以为："祭天地于云阳汾阴，及诸寝庙，不以亲疏迭毁，皆烦费，违古制。又宫室苑囿，奢泰难供，以故民困国虚，亡累年之蓄。所繇来久，不改其本，难以末正。乃上疏曰：臣闻古者盘庚改邑，以兴殷道，圣人美之。窃闻汉德隆盛，在于孝文……如令处于当今，因此制度，必不能成功名。……臣愿陛下徙都于成周……迁都正本，众制皆定。"

生活是最大的教育，要人民革新，必须替他造出新环境来，置之新环境中，虽日挞而求其旧，不可得矣。间尝论之，儒家之兴，并非偶然之事，秦始皇虽然焚书坑儒，然当他坑儒的时候曾说："吾前收天下书不中用者尽去之，悉召文学方术士甚众，欲以兴太平，方士欲练以求奇药。"

"欲以兴太平"上，当夺"文学"两字。文学便是当时的儒家。可知始皇并非不用儒者，所以要用儒者，就是因为当时的天下非更化不可，要更化非改制度不可，而改制度之事，惟有儒家最为擅长。所以假使秦始皇享国长久，海内更无其他问题，他一定能有一番改革——建设——改革。秦皇汉武正是一流人。

儒家所谓教化，其先决问题是民生，至于直接手段则是兴庠序，看《汉书·礼乐志》便可知道。他们对于现状，是认为极度的不安，而想要彻底改革的，所以我说他们是最革命的。

然而儒家不能不为法家所窃笑。为什么呢？我们试读《汉书》的《元帝本纪》："立为太子……柔仁好儒，见宣帝所用多文法吏，以刑名绳下，大臣杨恽、盖宽饶等坐刺讥辞语为罪而诛，尝侍燕从容言：陛下持刑太深，宜用儒生。宣帝作色曰：汉家自有制度，本以霸王道杂之，奈何纯任德教、用周政乎？且俗儒不达时宜，好是古非今，使人眩于名实，不知所守，何足委任？乃叹曰：乱我家者，太子也。"

宣帝所谓霸，便是法家；所谓王，是儒家；以霸王道杂之，谓以督责之术对付官僚阶级，以儒家宽仁之政对待人民。质而言之，便是"严以察吏，宽以驭民"，这实在是合理的治法。倘使纯用霸道，则待人民太暴虐，全社会都将骚然不宁，丧其乐生之心，这便是秦朝的所以灭亡。至于纯用王道，则元帝便是一个榜样。我们试将《元帝纪》读一过。儒家所谓宽仁之政，几于史不绝书，然而汉治反于此时大坏，这是什么缘故呢？因为官僚阶级的利益是和人民相反的，要保护人民，其要义就在于约束官僚，使不能为民害，若并官僚阶级而亦放纵之，那就是纵百万虎狼于民间了。汉朝政治之放纵——督责之术之废弛，是起于元帝之世的，所以汉朝的政治，也坏于元帝时。为什么元帝会放纵治者阶级使为民害呢？其弊便在于不察名实。名就是理论，实就是情形，理论虽好，要和现状相合方才有用。比如合作运动自然是好的，然而能否推行于中国社会，换一方面说，便是现在的中国社会能否推行合作运动？更具体些说，叫农民组织合作社，向农民银行借款，到底来借款的是真正农民呢，还是营高利贷业者的化身？这是大须考虑的。假如说现在来贷款的都是真正农民了，然而现在的农民银行设立尚未普遍，假使要普遍设立，是否能保持现在的样子——即来贷款者真正都是农民——如曰能之，还是目前就能够呢，还是要一面养成人才，一面整顿吏治徐徐进行的呢？如此便又发生推广的迟速问题。这些都是应该考虑的、应该考察的实际。合作事业的能否办好，就看这种事先的考虑是否周密，随时的考虑是否认真，单是精于理论，即对于书本上的合作有研究，是无用的。现今模仿外国所以不能成功，甚至反有弊病，即由于此。汉儒的崇拜古人，就和现在的崇拜外国一样，不论什么事，只要儒家的书上说古代是如此的，就以为是好的，而不管所谓古代者其情形与现代合不合，这正和现代有些人，只要是外国的总是好的，而不管其和中国社会的情形合不合一样——此等人不论其所崇拜的是什么东西，总之皆成为偶像了。要打倒偶像，这种偶像，就是该首先打倒的。泥塑木雕的倒还在其次。不察名实，自然不达时宜——就是不知道现在该怎样，不知道现在该怎样，自然可以信口开河——是古非今了。

法家也有法家的毛病，便是董仲舒所谓诛名而不责实——诛名而不责实，其实也还是不察名实。然而真正的法家，的确不是如此。汉朝虽号称崇儒，其实在政治上，有许多卓绝的法家。而我所要力劝大家读的，尤其是《汉书》的《黄霸传》。现在且不避文繁，节录其辞如下："黄霸字次公，淮阳阳夏人也。以豪杰役使，徙云陵。少学律令，喜为吏。……霸为人明察内敏，又习文法，然温良有让，足知，善御众。……自武帝末，用法深。昭帝立，幼，大将军霍光秉政，大臣争权，上官桀等与燕王谋作乱，光既诛之，遂遵武帝法度，以刑罚痛绳群下，繇是俗吏尚严酷以为能，而霸独用宽和为名。会宣帝即位，在民间时知百姓苦吏急也，闻霸持法平，召以为廷尉正，数决疑狱，庭中称平。守丞相长史，坐公卿大议庭中，知长信少府夏侯胜非议诏书大不敬，霸阿从不举劾，皆下廷尉，系狱当死。霸因从胜受《尚书》狱中。……上擢霸为扬州刺史。……为颍川太守。……时上垂意于治，数下恩泽诏书，吏不奉宣。……霸为选择良吏，分部宣布诏令。……使邮亭乡官皆畜鸡豚，以赡鳏寡贫穷者。然后为条教，置父老师帅伍长，班行之于民间，劝以为善防奸之意，及务耕桑，节用殖财，种树畜养，去食谷马。米盐靡密，初若烦碎，然霸精力能推行之。吏民见者，语次寻绎，问它阴伏，以相参考。尝欲有所司察，择长年廉吏遣行，属令周密。吏出，不敢舍邮亭，食于道旁，乌攫其肉。民有欲诣府口言事者适见之，霸与语道此。后日吏还谒霸，霸见迎劳之，曰：甚苦，食于道旁，乃为乌所盗肉。吏大惊，以霸具知其起居，所问毫厘不敢有所隐。鳏寡孤独有死无以葬者，乡部书言，霸具为区处，某所大木可以为棺，某亭猪子可以祭，吏往皆如言。其识事聪明如此，吏民不知所出，咸称神明。奸人去入它郡，盗贼日少。霸力行教化而后诛罚，务在成就全安。……霸以外宽内明得吏民心，户口岁增，治为天下第一。征守京兆尹。……归颖川太守官。……治如其前。前后八年，郡中愈治。是时凤皇神爵数集郡国，颖川尤多。天子……下诏称扬曰：颖川太守霸，宣布诏令，百姓乡化，孝子弟弟贞妇顺孙，日以众多，田者让畔，道不拾遗，养视鳏寡，赡助贫穷，狱或八年亡重罪囚，吏民乡于教化，兴于行谊……代邴吉为丞相……京兆尹张敞舍鹖雀飞集丞相府，霸以为神雀，议欲以闻。敞奏霸曰：窃见丞相请与中二千石博士杂问郡国上计长吏守丞，为民兴利除害，成大化，条其对，有耕者让畔，男女异路，道不拾遗，及举孝子弟弟贞妇者为一辈，先上殿，举而不知其人数者次之，不为条教者在后叩头谢。丞相虽口不言，而心欲其为之也。长吏守丞对时，臣敞舍有鹖雀飞止丞相府屋上，丞相以下见者数百人。边吏多知鹖雀者，问之，皆阳不知。丞相图议上奏曰：臣闻上计长吏守丞以兴化条，皇天报下神雀。后知从臣敞舍来，乃止。郡国吏窃笑丞相仁厚有知略，微信神怪也。昔汲黯为淮阳守，辞去之官，谓大行李息曰：御史大夫张汤怀诈阿意，以倾朝廷，公不早白，与俱受戮矣。息畏汤，终不敢言。后汤诛败，上闻黯与息语，乃抵息罪而秩黯诸侯相，取其思谒忠也。臣敞非敢毁丞相也，诚恐群臣莫白，而长吏守丞畏丞相指，归舍法令，各为私教，务相增加，浇淳散朴，并行伪貌，有名亡实，倾摇解怠，甚者为妖。假令京师先行让畔异路，道不拾遗，其实亡益廉贪贞淫之行，而以伪先天下，固未可也，即诸侯先行之，伪声轶于京师，非细事也。汉家承敝通变，造起律令，即以劝善禁奸,条贯详备,不可复加。宜令贵臣明饬长吏守丞,归告二千石,举三老、孝弟、力田、孝廉、廉吏,务得其人,郡事皆以义法令检式,毋得擅为条教,敢挟诈伪以奸名誉者,必先受戮,以正明好恶。……"

豪杰役使,颜师古曰:身为豪杰而役使乡里人也。可见黄霸本是所谓土豪劣绅之流。大抵善于邀名的人,必求立异于众——因为不立异,则不过众人中的一人,天下人如此者多,就不足以得名了。……黄霸本是个务小知任小数的人,论他的才具很可以做一个汉朝的文史,只因当时的官吏竞趋于严酷,为舆论所反对,乃遂反之以立名,而适又有夏侯胜的《尚书》以供其缘饰,又适会宣帝要求宽仁之吏,就给他投机投个正着,一帆风顺,扶摇直上了。生活是最大的教育,人是不能以空言感化的,人是个社会动物,处在何等社会中,就形成何等样人,丝毫不能勉强,断非空言之力所能挽回。所以古来言教民者,必在既富之后,质而言之,就是替他先造新环境,新环境既已造成,就不待教而自正了。如其不然,就万语千言悉成废话,这种道理,当发为空论之际,也是人人懂得的。及其见诸实施,却又以为人民可以空言感化,至少以为要先把人心改变过来,然后制度乃可随之而改了。人类缺乏一贯的思想,处处现出自相矛盾的景象,真可叹息。人民可以空言化,在庙堂之上的人,或者和社会隔绝了,信以为实。然在奉行其事的人,是不会不知道实际的情形的,然而竟没有一个人把无益实际的话入告,只见诏书朝下于京城宣布,夕遍于海澨,人类的自欺欺人,实在更可叹息。有手段的人,他要人家说的话,自然会有人替他说的,他要人家不说话,自然没有人敢说。他希望有什么事,自然会有人造作出来,他希望没有什么事,自然会有人替他隐讳掉。我们只要看边吏多知鹯雀,问之皆阳不知,便可知道黄霸治郡时,所谓盗贼日少,户口岁增,是虚是实了。

然则他怎会获得如此的好名誉呢？大抵人有两种：一种是远听的，一种是近看的。声名洋溢的人，往往经不起实际的考察，在千里万里之外听了，真是大圣大贤，到他近处去一看，就不成话了。但是社会是采取虚声的，一个人而苟有手段造成了他的虚名，你就再知道他是个坏人，也是开不得口。不但开不得口，而且还只能人云亦云的称颂他，不然人家不说他所得的是虚名，反说你所说的是假话。俗说若要人不知，除非己莫为。作伪的人，岂真有什么本领，使他的真相不露出来？不过社会是这样的社会，所以这种人的真相，虽然给一部分人知道了，却永远只有这一部分人知道，决不会散布扩大出去的。然而张敞居然敢弹劾盛名之下的黄霸，我们就不得不佩服法家综核名实的精神了。他奏黄霸的话，真乃句句是金玉。让畔异路，道不拾遗，其实亡益廉贪贞淫之行，造起律令，即以劝善禁奸，尤其是至理名言。因为你要讲革命是另一件事，在革命未成以前劝人为善，只是能为现状下之所谓善，禁奸也只能禁现状下之所谓奸。明明是现状下所不能为的事，你却要叫人去做，人家也居然会照着你的话去做，这不是作伪还是什么？其实何益呢？不过浇淳散朴罢了。

　　法家这种综核名实的精神，自元帝以后莫之能行，以至亡国。后汉得天下，光武帝虽然厚貌深文，其实行督责之术，是很严紧的。他当时对于一班开国的功臣，以及有盛名可以做三公的人，明知其不可施以督责，所以舍而弗用，而宁任用一班官僚，这就是后汉所以能开二百余年之治的原因。从中叶以后，督责之术又废了，于是官僚阶级又横行起来，益之以处士横议，而后汉遂至于灭亡。起而收拾残局的魏武帝、诸葛孔明，都是励行综核名实的人，所以事势又有转机。然而一两个人的苦力支撑，终不能回狂澜于既倒，于是纪纲日废，而魏晋清谈之俗兴，神州大陆遂终于不可保守而为五胡所占据了。

魏晋以后的政治思想，无甚特别之处——大抵承汉人的绪余——今因限于时间亦不再加讲述。还有一篇最值得注意的文字，便是《论衡》的《治期》篇。此篇力言国家之治乱，与君主的贤否无涉。换一句现在的话说，便是政治控制不住社会，社会而要向上，政治是无法阻止的。若要向下，政治亦无力挽回，而只好听其迁流之所届。这是我们论后世的政治所要十分注意的。

第七讲　魏晋至宋代以前的政治思想

　　魏晋南北朝是中国政治思想消沉的时代,这一个时代之中,并不是没有有政治思想的人,然其思想大都不脱汉人的窠臼,直到两宋之世,而中国的政治思想才又发出万丈的光焰,这是什么原故呢?

　　原来政治的目的,不外乎安内与攘外。当对外太平无事时,大家的眼光都注重在内治一方面。对外问题急迫了,整个国家的生存要紧,其余的问题,就只得姑置为缓图了。中国对外的问题是到什么时候才严重起来的呢? 这个问题的答案,我们不能不说是宋代,这又是为什么呢?

　　在周以前,我们对于异族实在是一个侵略者,而不是一个被侵略者,这一层在第二讲中业经说过了。两汉时代,情形还是如此。五胡乱华,是中原受异族的侵略之始。但是这时候侵略的异族,民族意识都不甚晶莹,这个只要看当时的异族没一个不自附于汉族古帝皇之后可知。这(一) 因他们的文化程度较低,(二) 因归附中原、杂居塞内已久,当其乱华之时,业已有几分同化。到辽、金时代便不然了。辽人的民族意识业已较五胡为强,至金人则其和汉族的对立更为尖锐。只要看金世宗的所为,便可知道。而且五胡是以附塞或塞内的部落作乱的,也有一半可以说是叛民的性质,至于辽、金则是在塞外建立了强大的国家然后侵入的,所以其性质更为严重。

异族侵入的原因是甚么呢？其中第一件，便是中原王朝兵备的废弛，以两汉时代的兵力，异族本没有侵入的可能，三国时代中原虽然分裂，兵力并没有衰弱，为什么前此归附的异族一到两晋时代居然能在中原大肆咆哮，而汉族竟无如之何呢？原来兵权的落入异族之手并非一朝一夕之故。中国在古代本不是全国皆兵的，各国正式的军队，只是当初的征服者，至于被征服者虽非不能当兵，然事实上只令他们守卫本地，和后世的乡兵一样。直到战国之世，战争的规模大了，旧有的兵不给于用，才把向来仅令其守卫本地的兵，悉数用作正式军队。这话在第三讲中亦已说过。从此以后我们就造成一个全国皆兵的制度了。但是这种制度，到秦汉之世却又逐渐破坏，这又是为什么呢？因为古代国小，人民从事于征戍，离家不甚远，所以因此而旷废时日以及川资运粮等等的耗费，亦比较不大，到统一以后，就不是这么一回事了。所以当用兵较少的时候，还可以调发民兵，较多的时候便要代之以谪发或谪戍。汉朝自文景以前，用兵大都调自郡国，而前乎此的秦朝以及后乎此的武宣都要用谪发和谪戍，就是这个道理。汉朝的兵制，是沿袭秦朝的。民年二十三则服兵役，至五十六乃免，郡国各有都尉，以司其讲肄和都试。戍边之责，也是均摊之于全国人的，人人有戍边三日的义务——虽然不能够人人自行，然而制度则是如此——自武宣多用谪发之后，实际上人民从征之事已较少，至后汉光武欲图减官省事，把郡国都尉废掉，从此以后，民兵制度就简直不存在了。当兵本来是人情容易怕的，统一之后，腹地的人民距边寇较远，就有民兵制度，也易流于有名无实，何况竟把他废掉呢？从此以后，普通的人民，就和当兵绝缘。当兵的总是特种的人民——用得多的时候，固然也调发普通人民，然而只是特殊的事。而尤其多被利用的，则是归附的异族。这种趋势，当东汉时代业已开始了，至西晋而尤甚。五胡乱华之后，自然多用其本族之人为主力的军队，所以这时候，武力是始终在异族手里的。这是汉人难于恢复的一个大原因。隋唐之世，汉族业已恢复了，局面似乎该一变，但是用异族当兵，业已用惯了，既有异族可以当兵，乐得使本国人及于宽典，况且用兵于塞外，天时地利，都以即用该方面的人为适宜，而且劳费也较少。所以论起武功来，读史者总是以汉唐并称，其实汉唐不是一样的。汉代的征服四夷，十次中有七八次是发自己的兵，实实在在的去打——尤其对于最强的匈奴是如此。汉朝打西域，是用本国兵最少的，而西域却是最势分力弱的小敌——唐朝却多用蕃兵，到后来，并且守御边境亦用蕃兵为主力，因此酿成安史之乱。安史乱后，军队之数是大增加了，然而不是没有战斗力，就是不听命令，遇事总不肯向前，以致庞勋、黄巢之乱，都非靠沙陀兵不能打平。从此以后，沙陀就横行中原，而契丹也继之侵入了。分裂是最可痛心的事。当分裂之世，无论你兵力如何强大，是只会招致异族以共攻本国人，断不会联合本国人以共御外侮的——这是由于人情莫不欲争利，而利惟近者为可争，人情莫不欲避害，而害惟近者为尤切，所以非到本国统一之后，不能对外，什么借对外以图团结本国等等，都只是梦话——然而到中原既已统一之后，又因反侧之心未全消弭，非图集中兵权或更消灭或削弱某一部分的兵力不可，北宋便是这个时代。所以经前后汉之末两次大乱之后，中原王朝的兵力实在是始终不振的，而在塞外的异族却因岁月的推移逐渐强大，遂有辽、金、元等部落，在塞外先立了一个大国，而后以整个的势力侵入中原，使中原王朝始而被割掉一部分领土，继而丧失全国之半，终乃整个的被人征服了。所以当这时代，中原王朝的武力该怎样恢复，实在是一个大问题。

是把国内治好了，然后御外呢？还是专讲对外，其余都姑置为缓图呢？这自然是民族当危急存亡时，首先引起的重要问题。假如中国是一个小国，自然当危急存亡时，一切都将置诸不问，而姑以却敌为先务，然而事实不是如此。中国土地之大，人口之多，物资之丰富，以及文化程度之高，一切都远出异族之上，异族的凌侮无论如何剧烈，在中国政治家的眼光中，是不会成为惟一的问题的。况且中国人素来以平天下为怀，认为异族的凌侮，只是暂时的变态，到常态回复了，他们总要给我们同化的，这原是中国人应尽的责任。这种自负的心理，是不会因时局的严重而丧失的。而且物必自腐而后虫生，国必自伐而后人伐，外患的严重，其根源断不能说不由于内忧。所以外患的严重，本不能掩蔽内忧，而减少其重要性，而且因外患的严重，更促起政治家对于国内问题的反省，所以自宋到明这一个民族问题严重的时代，却引起政治思想的光焰。

这时候的政治思想集中在哪几点上面呢？国家的根本是人民，人民第一个重要的问题便是生活，生活都不能保持，自然一切无从说起了。假使生活而能保持了，那就要解决"饱食暖衣逸居而无教，则近于禽兽"的问题了，这也是传统的思想上看得极为严重的问题。这是中国自古以来就是如此的。从三国到南北朝，因为时局的纷扰，谈政治的人忙于眼前的问题，对于这种根本问题比较两汉时代要淡得多了。到隋唐之世因为时局较为安定，对于根本问题用心探索的人又较多，至宋代而大放其光焰。

当这一个时代，关于"教养"问题的现状却是怎样的呢？请略说其大概如下：

关于"养"的问题，平均地权和节制资本实在是一样的重要。但是自汉以后，儒家之学盛行，儒家是偏重于平均地权的，所以大多数人的思想也侧重在这一方面。儒家所怀抱的思想又分为两派，激烈的是恢复井田，缓和的是限民名田。激烈派的思想经新莽实行而失败了，没有人敢再提起，东汉以后多数认为切实易行的，是限民名田。晋朝的户调式、北魏的均田令、唐朝的租庸调法，都是实行此项理想的。后汉末的大乱，人民死亡的很多，自此经两晋南北朝，北方经过与蛮族的斗争，死亡也很剧烈。此时的土地是比较有余的，又得授田的制度以调剂其间，所以地权不平均的问题，比较不觉得严重。唐朝自贞观至于开元，时局是比较安静的。安静之时，资本易于蓄积，并兼之祸即随之而烈。天宝以后，藩镇割据，战祸除（一）安史之乱时；（二）黄巢乱时；（三）梁唐战争；（四）唐晋与契丹的战争，直接受祸的区域外，其实并不甚烈。人民死亡不能甚多。而（A）苛政亟行，（B）奢侈无度，封建势力和商业资本乘机大肆剥削，人民被逼得几于无路可走，我们试一翻《宋史》，便知道：（1）当时的田无税的很多。（2）当时的丁不役的很多。这都是有特殊势力的人所得的好处，而其负担则皆并于贫弱之家。（3）民间借贷自春及秋便本利相偿，设或不能归偿，则什么东西债权人都可以取去抵债。见《宋史·陈舜俞传》。所以当时司马光上疏说：农民的情景是"谷未离场，帛未下机，已非己有，所食者糠籺而不足，所衣者绨褐而不完，直以世服田亩，不知舍此更有何可生之路耳"。乌呼痛哉！在政治上，（甲）自两税法行后，连名存实亡的平均地权的法令都没有了，（乙）而役法又极酷，（丙）而唐中叶后新增的苛税如盐、茶、酒及商业上的过税、住税等，宋朝又多未能删除，这些直接间接也都是人民的负担。租税的大体，自宋迄明未之有改，而元朝以异族入主中原又加重了封建势力的剥削。明朝自中叶以后，朝政的紊乱，又为历代所未有，藩王、勋戚、宦官等的剥削平民以及所谓乡绅的跋扈，亦是历代所罕有，所以民生问题，可以说自宋至明，大致都在严重的情形中。

　　至于教的问题，则除汉朝贾生、董生等所说一种贫而弱而愚的可怜情形外，另有一个严重的问题。中国古代宗教上崇拜的对象，最大的是地，次之则是吃田豕的虎，吃田鼠的猫，或防水的堤防等，再次之则是在家的门神、灶神，出门时的行神，及管个人寿算的司命等。见《礼记·郊特牲》及《祭法》。古时的人们对于祭天，是没有关系的。至于地，则本没有一个统一的地神——以方泽对圜丘，是晚出的概念，所以只有《周官》上有——在古代只是各祭其所利用的一片土地，所以最隆重的是社，而社也是随着一个个农村而分立的。其最切近的为祖先，祖先不必说了，就是其余的神，也是限于一个很小的范围内的。这些神在氏族时代，则为一氏族内的人所崇拜，在部落时代，则为一部落的人所崇拜，彼此各不相干。在其部落以内，宗教师亦是一种分职，他所做的事情，虽无实益，却是人民对他有信仰心，并不嫌恶他。其实他自己亦不全是骗人的，多少总有些信以为真。他也无从分外榨取，至于氏族或部落以外，根本没有人信他，他更无从施展威权了。汉初的宗教还是如此，所以越巫、齐方士等各各独立。天子所祭的天神，虽然在诸神中取得最高的地位，然而诸侯尚且不许祭天，平民更不必说了。中国古代似乎贵族平民各有其所崇拜的对象，彼此各不相干，因此在上者要想借宗教之力以感化人民甚难，却也没有干涉人民的信仰，以致激变之事。列国间因本来怀抱着宗教是有地方性的观念，宗教信仰多包含在风俗习惯之中，君子行礼不求变俗，就是不干涉信仰的自由。所以彼此互不相干涉，亦没有争教的事。这实在是中国最合理的一件事，因为宗教总不过是生活的反映，各地方有各地方不同的生活，自然会产生不同的宗教，而亦正需要不同的宗教，硬要统一他做什么呢？老实说，就是勉强统一了，也只是一个名目，其内容还可以大不相同的。随着时代的变迁，从前各各分立的氏族或部落渐次统一而成一个大社会，社会既然扩大了，自然要有为全社会所共同信仰的大宗教，也自然会有为全社会所信仰的大宗教。这时代的大宗教，并不是单独发生，把从前的小宗教都消灭掉了的，乃是从前的旧宗教所变化发达而成。（一）把从前性质仅限于一部落一氏族的神扩大之而为全社会之神，（二）各地方所崇拜的神，有本来相同的，那自然不成问题，（三）否则亦可以牵强附会，硬把他算做一个，（四）其无须合并的，则建立一个系统，把他编制一下。如此许多分立的小宗教，就可以合并而成一大宗教了。这就是中国所谓道教。这种变化，大约在很早的时代，随着社会的变动，就逐渐进行的，至后汉末年，在社会上大显势力，至北魏太武帝时，寇谦之乃正式得到政府的承认。当两汉之间，佛教从印度输入中国，至后汉末年，也在社会上渐露头角。佛教的哲理，较之道教更为精深——中国的学问，并不是不及印度，但专就哲理而论，却应该自愧弗如的，而宗教所需要的，却特别在这一方面。为什么呢？因为宗教倘使在政治社会方面多作正面的主张，就不免和政治发生冲突，和政治发生冲突，就要受到压迫了。佛教却在这一方面，有其特别优胜之点。他对于社会问题和政治问题，几于毫无主张，只是在现社会的秩序之下，努力于个人的解脱。如此，于政治问题，就觉其毫无关系，而多少还可以掩蔽现实，麻醉人民，而使之驰心于净土。如此在消极方面说，就可以不受政府的干涉，而多少还可受些保护。在积极方面，则因他主张轮回，替人把希望扩张到无限大，而又自有其高深的哲理，足以自圆其说，所以还能够得到王公贵人的提倡；在平民眼里，佛教、道教本来是无甚区别的，谁宣传得起劲些，谁被信仰的机会就多些。如此佛教因其（一）给与人的希望之大，（二）哲理的精深，能得士大夫的信仰，其宣传之力，就超出于道教以上，所以其流行也较道教为盛。从两汉到南北朝，在精神界既然发生了全国共信的大宗教，就形成下列诸问题。

　　其一，在佛教尚未大行，道教也未十分组织成功之时，政治和社会，都有很大的不安，而宗教在这时代，业已从地域的进而为全国的了,自然会有人想利用他造成一种政治上反抗的力量,所以前后的变乱,含有宗教成份的很多。道教的大师如张角、张鲁、孙恩等不必说了,就和尚也有躬为祸首的,因此引起政治上的焚烧谶纬,禁止传习天文。

其二,第一问题在中国的关系不能算大,而为政府所承认的宗教,亦发生下列二大问题,即:(A)在物质方面,教徒既不耕而食,不织而衣,成为纯粹的分利分子,却还要消耗多大的布施,而且积蓄多了,便从事于兼并土地,役使奴仆,于经济的平均,很有妨害。(B)在精神方面,宗教麻醉的力量能使人离开现实,驰骛空虚,多少可以减少些反抗之力,缓和些怨恨之声,而且他多少要教人民以正直平和慈善,使社会增加几分安稳,这是政治上所希望的。所以历来也很有些儒者的议论,在这一方面承认二氏的功劳。但是宗教所教导的,断不能和政治上所要求的全然一致,而且和儒家传统的道德和伦理,不免有些不相容,而儒家却是在政治上积有权威的。因此之故,宗教问题在政治思想史上,也就有相当的关系了。

综括这一个时代,养的问题不能解决,教的问题亦觉得愚弱可怜,而严重的外患又相逼而来。稍加仔细观察,便觉得外患的成为问题,全是由于本国的社会病态太深之故,于是这一个时代的思想家,不期然而然的都触着了许多根本的问题。

第八讲　宋明的政治思想

第七讲中说：从宋到明的政治思想，触着了许多根本问题，这句话是怎么讲呢？关于这一点，我们可以自宋到明的井田封建论做代表。

井田封建，如何可行于后世？井田固然是一种平均分配的好方法，然（一）既成为后世的社会，是否但行井田，即能平均分配；（二）不将社会的他方面同时解决，井田是否能行。这都是很显明的疑问。至于封建，其为开倒车，自然更不必说了。宋元明的儒者，如何会想到这一着呢？关于这一点，我请诸位读一读顾亭林先生的《封建论》。原文颇长，今举其要点如下：

封建之废，非一日之故也，虽圣人起，亦将变而为郡县。方今郡县之敝已极，而无圣人出焉，尚一一仍其故事，此民生之所以日贫，中国之所以日弱，而益趋于乱也。何则？封建之失，其专在下；郡县之失，其专在上。改知县为五品官，正其名曰县令。必用千里以内，习其风土之人，任之终身。其老疾乞休者，举子若弟代。不举子若弟，举他人者听。既代去，处其县为祭酒，禄之终身。每三四县若五六县为郡，郡设一太守，三年一代，诏遣御史巡方，一年一代。其督抚司道悉罢，令以下设一丞。丞以下曰簿，曰尉，曰博士，曰驿丞，曰司仓，曰游徼，曰啬夫之属，备设之。令有得罪于民者，小则流，大则杀。其称职者,既家于县,则除其本籍。居则为县宰,去则为流人;赏则为世官,罚则为斩绞。何谓称职?曰土地辟,田野治,树木蕃,沟洫修,城郭固,仓廪实,学校兴,盗贼屏,戎器完,而其大者,则人民乐业而已。夫使县令得私其百里之地,则县之人民,皆其子姓;县之土地,皆其田畴;县之城郭,皆其藩垣;县之仓廪,皆其困窌。为子姓,则必爱之而勿伤;为田畴,则必治之而勿弃;为藩垣、困窌,则必缮之而勿损。自令言之,私也;自天子言之,所求乎治天下者,如是焉止矣。一旦有不虞之变,必不如刘渊、石勒、王仙芝、黄巢之辈,横行千里,如入无人之境也;于是有效死勿去之守,于是有合从缔交之拒。非为天子也,为其私也;为其私,所以为天子也;故天下之私,天子之公也。

他的意思,只是痛于中国的日贫日弱,而思所以救之。而推求贫弱的根源,则以为由于庶事的废弛;庶事废弛的根源,他以为由于其专在上。所以说郡县之制已敝,而将复返于封建。

自宋至明——实在清朝讲宋学的人,也还有这一种意见——主张井田、封建的人很多。他们的议论虽不尽同,他们的办法亦不一致;然略其枝叶,而求其根本,以观其异中之同,则上文所述的话,可以算是他们意见的根本,为各家所同具。

他们的意见,可以说是有对有不对。怎说有对有不对呢?他们以为中国贫弱的根源,在于庶事的废弛,这是对的。以为庶事废弛的根源,是由于为政者之不能举其职,而为政者之不能举其职,是由于君主私心太重,要把天下的权都收归一己,因而在下的人,被其束缚而不能有为,这是错的。须知君主所以要把政治上的权柄,尽量收归自己,固不能说其没有私心,然亦自有其不得已的苦衷。在封建时代,和人民利害相反的是贵族,到郡县时代,和人民利害相反的是官僚,这话,在第五讲中,业经说过了。君主所处的地位,一方面固然代表其一人一家之私，如黄梨洲所云视天下为其私产；又一方面，则亦代表人民的公益，而代他们监督治者阶级。这一种监督，是于人民有利的。倘使没有，那就文官武将，竞起虐民，成为历代朝政不纲时的情形了。渴望而力求之，至于郡县之世而后实现的，正是这个。至于庶事的废弛，则其根源，由于征服阶级的得势，一跃而居于治者的地位。他们的阶级私利是寄生。为人民做事，力求其少，而剥削人民，则务求其多。此种性质，从贵族递嬗到官僚，而未之有改。所以大同时代社会内部相生相养良好合理的规则：（一）在积极方面，因治者阶级的懒惰而莫之能举。（二）在消极方面，因治者阶级的剥削而益见破坏。（三）而人民方面，则因其才且智者，皆羡治者阶级生活的优越，或则升入其中，或则与相结托，所剩的只有贫与弱。因而废弛的不能自举，被破坏的不能自保，仅靠君主代他们监督，使治者阶级，不能为更进一步的剥削，而保存此贫且弱的状况。除非被治者起而革命，若靠君主代为监督，其现状是只得如此的，不会再有进步的。因为君主是立于治者和被治者两阶级之间，而调和其矛盾；他只能从事调和，而不能根本上偏袒那一阶级，所以只做得到这个样子。这话在第五讲中，业已说过了。所以说：他们以为贫弱的根源，在于庶事的废弛，这是对的。以为废弛的根源，在于君主，是不对的。天下眼光浅近的人多，治者阶级而脱离了君主的监督，那只有所做的事，更求其少，所得的利，更求其多，如何会勤勤恳恳，把所有的一块土地人民治好呢？若能有这一回事，封建政体，倒不会敝，而无庸改为郡县了。所以封建之论，的确是开倒车，虽然他们自以为并非开倒车，以为所主张的封建，和古代的封建有别。然而幸而没有实行，倘使实行起来，非酿成大乱不可。他们有这一种思想，也无怪其然，因为人是凭空想不出法子的，要想出一种法子来，总得有所依傍。我们今日，为什么除掉专制、君宪、共和、党治之外,想不出什么新法子来呢? 只因其无所依傍。然他们当日,陈列于眼前的政体,只有封建、郡县两种。郡县之制,他们既认为已敝而不可用,要他们想个法子,他们安得不走上封建的一条路呢? 他们这种主张,如其要彻底实行,则竟是一种革命,自然是时势所不许,然就部分而论,则不能说他们没有实行。所谓部分的实行,并不是说他们曾有机会试行封建,亦不是说他们曾经大规模试办过井田。然而辟土地,治田野,蕃树木,修沟洫,固城郭,实仓廪,兴学校,屏盗贼,完戎器,总而言之,是反废弛而为修举,则不能说他们没有部分的实行过,他们做封疆大吏、地方长官及绅士的,对于这许多事情,都曾尽力实行。他们并知道治化的良否,不尽系于政治,而亦由于社会,所以凡有关风俗之事,如冠、婚、丧、祭之礼等,都曾研究、讨论,定有规制,尽力提倡,示范实行。在这方面有功劳的,尤其是关学一派。他们这种举动,并不能说没有功劳,在今日宋明理学衰落之世,我们若留心观察,则见社会上还有许多地方自治的遗迹,或者自相约束扶助的规则,还都是这一个时代的儒者研究、制定、提倡、示范的功劳。改进社会,原有急进和渐进两种手段: 前者是革命行为,把旧的都破坏了,然后徐图建设。后者是进化派的学者所主张的,在旧秩序之下,将新的事业,逐渐建设起来,达到相当的时机,然后把旧的障碍物一举除去。浅人每以二者为相反,其实是相成的。该取何种手段,只看特定社会的形势。而取了革命手段,进化派的事业,还是要补做的。我们所以要革命,只因旧的势力,障碍得太厉害了,不将他推翻,一切新的事业,都不容我们做,所以不得不把他先行打倒;然而打倒他,只是消极的举动,既把旧势力打倒之后,新事业自然要逐渐举办的。如其不行,则从前的革命,就变做无意识的举动了。至于进化派,并不是不要打倒旧势力,只是手段上以先建设新的,后打倒旧的为适宜。所以革命正所以助进化,进化的目的，正在于革命，二者是相需而成的。每革命一次，旧势力总要被破坏一些；每建设一事，新势力总要增长一些。浅人徒见革命之后，旧势力依然回复，便以为这一次的革命是徒劳；建设一事，不久旋即废坠，便以为此举是毫无效果，这真是浅人之见。中国的社会，将来总是要大改革的，要改革，总是要反废弛而为修举的。从有宋以来，理学家研究、制定、提倡、示范的举动，实在替社会播下一个改革的种子，所以说，不能算他们无功。

在宋朝，既有这种大改革的见解，自然有人要想凭借政治之力来实行；而在旧时政治机构之下，要想借政治的力量来实行改革，自然免不了弊窦。这话，在第六讲中，亦业已说过。当这时代，自然有如第二讲所说，偏于痛恶现状之坏，而不措意于因改革而致弊的人；也有专注重于改革之难，而不肯轻言改革的人；其结果，就形成熙宁时的新旧党。从来论党的人，每将汉朝的甘陵，唐朝的牛李，和宋朝的新旧党，并为一谈，这是大错。汉朝的甘陵，只是一班轻侠自喜、依草附木之徒，再加以奔走运动，营求出身，以及有财有势，标榜声华之士，以致闹成党锢之祸；唐朝的牛、李，只是官僚相排挤，哪里说得上政见？宋朝的新旧党，却是堂堂正正，各有其政见的。固然新旧党中，各有坏人；新旧党互相排挤报复，也各有不正当的手段，然而不害其为有政见。他们对于多种政治问题，都有不同的见解；而其见解，都是新党代表我所谓进化派，旧党代表我所谓保守派的。旧时的议论，都左袒旧党；现在的议论，则又左袒新党，其实二者是各有长短的。新党的所长，在于看透社会之有病而当改革，而且有改革的方案；而其所短，则在于徒见改革之利，而不措意于因改革所生之弊。旧党攻击因改革所生之弊，是矣，然而只是对人攻击，而自己绝无正面的主张。然则当时的政治是好了，不需改革了么？明知其不好，亦只得听其自然了么？我们倘使提出这个问题来，旧党亦将无以为对。所以我说他们是各有长短的。我对于他们的批评则如次：

国家和社会的利害，不是全然一致的，又不是截然分离的。因为国家的内部，有阶级的对立：凡国家的举动，总是代表治者阶级，压迫被治阶级的；所以国家和包含于国家中的人，利害总不能一致。然而在或种情形之下，则国家和全体社会的利害，是一致的，尤其是在对外的时候。因为别一个国家，侵入或加压迫于这一个国家，则最大多数的国民，必同蒙其不利。所以当这时候，国民应当和国家协力以对外。国家所要求于国民，不都是正当的——如为治者阶级的利益的时候——但因对外之故，而对于国民有所要求，则为合理。因为这是为着国民全体——至少是最大多数的利益。然而在实际，则其所要求，仍宜有一个限度。这不是道理上应该不应该的问题，而是手段上适宜不适宜的问题。因为国家有所求于国民，其事必须办得好；如其办不好，则是国民白受牺牲，国家亦无益处了。国家所恃以办事的是官僚。官僚在监督不及之处，是要求自利的。官僚的自利，而达到目的，则上无益于国，而下有损于民的。固然，官僚阶级中也有好人；而一国中监督官僚的人，其利害也总是和国与民相一致的，然而这总只是少数。所以国家所办的事，宜定一最大限度，不得超过；而这最大限度的设定，则以（一）必要，（二）监督所能及，不至非徒无益，反生他害为限。熙宁时新党之弊，在于所定的限度太大，而旧党之弊，则又在于所定的限度太小；二者皆不得其中，即皆不适当。

试举一实事为例：在北宋时，北有辽，西有夏，民族竞争，形势极为严重，自然不能无兵。宋朝是养兵百万而不可以一战的。募兵的制度，达于极弊。王安石主张用民兵，自然也有其极大的理由。但是实际如何呢？我们试看《宋史·兵志》所载反对方面的话。司马光说：

兵出民间，虽云古法，然古者……自两司马以上，皆选贤士大夫为之，无侵渔之患，故卒乘辑睦，动则有功。今……保长以泥棚除草为名，聚之教场，得赂则纵，否则留之。……又巡检指使，按行乡村，往来如织。保正保长，依倚弄权，坐索供给，多责赂遗，小不副意，妄加鞭挞，蚕食行伍，不知纪极。中下之民，罄家所有，侵肌削骨，无以供亿。愁苦困弊，靡所投诉。流移四方，襁属盈路。又朝廷时遣使者，遍行按阅，所至犒设赏赉，糜费金帛，以巨万计。此皆鞭挞下民，铢两丈尺而敛之，一旦用之如粪土。

王岩叟说：

保甲之害。三路之民，如在汤火。未必皆法之弊。盖由提举一司，上下官吏，逼之使然。……朝廷知教民以为兵，而不知教之太苛而民不能堪；知别为一司以总之，而不知扰之太烦而民以生怨。教之欲以为用也，而使之至于怨，则恐一日用之，有不能如吾意者，不可不思也。民之言曰：教法之难，不足以为苦，而羁縻之虐有甚焉；羁縻不足以为苦，而鞭笞之酷有甚焉；鞭笞不足以为苦，而诛求之无已有甚焉。方耕方耘而罢，方干方营而去，此羁縻之所以为苦也；其教也，保长得笞之，保正又笞之，巡检之指使，与巡检者又交挞之，提举司之指使，与提举使之干当公事者，又互鞭之，提举之官又鞭之。一有逃避，县令又鞭之。人无聊生，恨不得死，此鞭笞之所以为苦也。创袍市中……之类，其名百出。故父老之谚曰："儿曹空手，不可以入教场。"非虚语也。都副两保正，大小两保长，平居于家，婚姻丧葬之问遗，秋成夏熟，丝麻谷麦之要求，遇于城市饮食之责望，此迫于势而不敢不致者也。一不如意，即以艺不如法为名，而捶辱之无所不至。又所谓巡检指使者，多由此徒以出，贪而冒法，不顾后祸，有逾于保正保长者。此诛求之所以为甚苦也。又有逐养子，出赘婿,再嫁其母,兄弟析居,以求免者;有毒其目,断其指,炙其肌肤,以自残废而求免者;有尽室以逃而不归者;有委老弱于家,而保丁自逃者。保丁者逃,则法当督其家出赏钱十千以募之。使其家有所出,当未至于逃,至于逃,则其穷困可知,而督取十千,何可以得? 故每县常有数十百家老弱,嗟咨于道路,哀诉于公庭。……又保丁之外,平民凡有一马,皆令借供逐场教骑,终日驰骤。往往饥羸,以至于毙。谁复敢言? 其或主家,倘因他出,一误借供,遂有追呼笞责之害。或因官逼督迫,不得已而易之,则有抑令还取之苦。故人人以有马为祸。此皆提举官吏,倚法以生事,重为百姓之扰者也。……臣观保甲一司,上下官吏,无毫发爱百姓意。故百姓视其官司,不啻虎狼,积愤衔怨,人人所同。比者保丁执指使,逐巡检,攻提举司干当官,大狱相继,今犹未已……安知其发不有甚于此者?

这许多话,我们决不能因同情新党而指为子虚。王安石所行之法,无一不意在福国利民,而当时旧党,皆出死力反对,其原因就在于此。举此一事,其余可以类推。然则新法都行不得? 都只好不行么? 司马光《疏》中又说:"彼远方之民,以骑射为业,以攻战为俗,自幼及长,更无他务。中国之民,大半服田力穑,虽复授以兵械,教之击刺;在教场之中,坐作进退,有以严整;必若使之与敌人相遇,填然鼓之,鸣镝始交,其奔北溃败,可以前料,决无疑也。"梁任公作《王荆公传》,说:如此,则"只好以臣妾于北虏为天职。此言也,虽对于国民而科以大不敬之罪可也"。这话以理言之,固然不错,然感情终不能变更事实,我们就不该因感情而抹杀事实。司马光的话,说不是当时的事实,也是断乎不能的。然则如之何而可呢? 我说:中国不能如北狄之举国皆兵,这是事实;不能为讳,而亦不必为讳。因为我们的社会,进化了,复杂了,当然不能像他们这样举国一律,所以不足为辱。而且以中国之大,要抵御北狄,也用不到举国皆兵——两民族的争斗，并不限于兵争。文化经济等各方面，都是一种竞争。我们的社会复杂了，可以从各方面压伏北狄，就是我们从多方面动员攻击——所以不足为忧。固然兵争是两国竞争时一种必要的手段，不可或缺。中国人固然不能如北狄之举国皆兵，然而以兵力抵抗北狄，亦自有其必要的限度。以中国之大，说在这一个限度以内的兵，而亦练不出，亦是决无此理的。须知社会进化了，则各阶级的气质不同。其中固然有不适宜于当兵的人，而亦必有一部分极适宜于当兵之人。然则以中国之大，并不是造不出强兵来，不过造之要得其法罢了。造之之法如何呢？我们看司马光说：

臣愚以为悉罢保甲使归农，召提举官还朝。量逐县户口，每五十户，置弓手一人。……募本县乡村户有勇力武艺者投充。……若一人缺额，有二人以上争投者，即委本县令尉，选武艺高强者充。或武艺衰退者，许他人指名与之比较。若武艺胜于旧者，即令充替。……如此，则不必教阅，武艺自然精熟。

王岩叟又说：

一月之间，并教三日，不若一岁之中，并教一月……起教则与正长论阶级，罢教则与正长不相谁何。

再看《旧唐书·李抱真传》：

为怀、泽、潞观察使留后。……抱真密揣山东当有变，上党且当兵冲。是时乘战余之地，土瘠赋重，人益困，无以养军士。籍户丁男，三选其一。有材力者，免其租徭，给弓矢，令之曰："农之隙，则分曹角射；岁终，吾当会试。"及期，按簿而征之。都试以示赏罚，复命之如初。比三年，则皆善射。抱真曰：军可用矣。于是举部内乡，得成卒二万。前既不縻费，府库益实，乃缮甲兵为战具，遂雄视山东。是时天下称昭义步兵冠诸军。

抱真的得力，就在乎仅令其分曹角射，而并不派什么提举巡检等等去检阅；亦不立正长等等名目，使其本来同等者，忽而生出等级来，所以没有宋朝保甲之弊，而坐收其利。然则王岩叟要人民和正长不相谁何，实在是保甲的要义；而司马光说不必教阅，武艺自然精熟，亦非欺人之谈了。有一位律师先生，曾对我说："我们当律师的人，是依据法律而绑票。"——实在就是借法律做护符而绑票。当阶级对立之世，谁不想绑票？只是苦于没有护符罢了，如何好多立名目，大发护符呢？王安石作《度支副使厅壁题名记》时曾说：

> 夫合天下之众者财，理天下之财者法，守天下之法者吏也。吏不良，则有法而莫守，法不善，则有财而莫理，有财而莫理，则阡陌闾巷之贱人，皆能私取予之势，擅万物之利，以与人主争黔首，而放其无穷之欲，非必贵强桀大，而后能如是，而天子犹为不失其民者，盖特号而已耳；虽欲食蔬衣敝，憔悴其身，愁思其心，以幸天下之给足而安吾政，吾知其犹不得也。然则善吾法而择吏以守之，以理天下之财，虽上古尧舜，犹不能毋以此为先急，而况于后世之纷纷乎？

他所谓阡陌闾巷的贱人，就是土豪和有商业资本的人。他深知他们是与平民处于对立的地位的，彼此利害不相容，非有以打倒之不可。然所恃以打倒他们的却是吏，吏也是和人民处于对立的地位的，其利害，也是彼此不相容。固然，现在政治上不能不用吏，然而吏是离不开监督的，一离开监督，就出毛病。所以政治家最要的任务是：自量其监督之力所能及。在此范围之内，则积极进行，出此范围以外，则束手不办。王安石之徒所以失败，就由于不知此义。我曾说：王安石的失败，是由于规模太大，倘使他专以富国强兵为目的，而将一切关涉社会的政策，搁置不办；或虽办而缩至相当的限度，则（一）所办之事，实效易见；（二）流弊难生；（三）不致引起他人的反对，而阻力可以减少，必可有相当的成功。如此，对于辽夏，或可以一振国威，而靖康之祸，且可以不作，所以我们目光不可不远,志愿不可不大,而脚步不可不着实,手段不可不谨慎,凡政治家,都该知此义。

中国之贫且弱,并非由于物质的不足,而全是一个社会组织不善,和人民未经训练的问题。这种思想,是宋人所通有的,不过有人魄力大,要想实行;有人魄力小,就止于发议论;而其言之又有彻底和不彻底罢了。譬如苏轼,是王安石的反对党,然而他对制科策说,要取灵武:"则莫若捐秦以委之。使秦人断然,如战国之世,不待中国之援,而中国亦若未始有秦者……则夏人举矣。"

当时宋以全国之力,不能克西夏,而苏轼反欲以一秦当之,岂不可怪? 然而一地方的实力,并非不足用,不过不善用之,所以发挥不出来罢了。当南宋之世,贺州的林勋,曾献一种《本政书》。他又有《比校书》二篇。《比校书》说:

桂州地东西六百里,南北五百里,以古尺计之,为方百里之国四十。当垦田二百二十五万二千八百顷,有田夫二百四万八千,出米二十四万八千斛,禄卿大夫以下四千人,禄兵三十万人。今桂州垦田约万四十二顷,丁二十一万六千六百一十五,税钱万五千余缗,苗米五万二百斛有奇,州县官不满百员,官兵五千一百人。

他所说古代田亩人口收入支出之数,固然不免夸大——因为古书本是计算之辞,并不是事实。所说当时垦田丁口之数,亦非实际的情形——因为必有隐匿。然而今古的相悬,要不能不认事实。如此,则后世的人民,富厚快乐,必且数十百倍于古了,然亦未见其然。然则上所不取之财,到哪里去了呢? 这自然另有剥削的人,取得去了——官和兵的数目虽减,要人民养活的人,其实并没有减。然则社会的贫穷,实在是组织不善之故。以此推之,其弱,自然也是训练之不得其法了。照他的《本政书》说:苟能实行他的计划,则民凡三十五年而役使一遍;而租税的收入,则十年之后,民之口算,官之酒酤，与凡茶、盐、香、矾之榷，皆可弛以予民。如欲以一秦之力，独取西夏，自非有类乎这一种的组织不可，不过苏轼不曾详立计划罢了。所以一时代中的人物，其思想，总是相像的；有时候看似不同，而实际上仍有其共通之点。

讲到教化问题，宋朝人也有其触着根本的见解。我们于此，请以欧阳修的《本论》为代表。《本论》说：

佛法为中国患千余岁，世之卓然不惑而有力者，莫不欲去之；已尝去矣，而复大集；攻之暂破而愈坚，扑之未灭而愈炽，遂至于无可奈何。是果不可去邪？盖亦未知其方也。夫医者之于疾也，必推其病之所自来，而治其受病之处。病之中人，乘乎气虚而入焉。则善医者不攻其疾，而务养其气，气实则病去，此自然之效也。……佛为夷狄，去中国最远，而有佛固已久矣。尧舜三代之际，王政修明；礼义之教，充于天下；于此之明，虽有佛无由而入。及三代衰，王政阙，礼义废，后二百余年，而佛至乎中国。由是言之，佛所以为吾患者，乘其阙废之时而来，此其受患之本也。……昔尧舜三代之为政，设为井田之法，借天下之人，计其口而皆授之田。……使天下之人，力皆尽于南亩，而不暇乎其他。然又惧其劳且怠而入于邪僻也……于其不耕休力之时，而教之以礼。……饰之物采而文焉，所以悦之，使其易趣也；顺其情性而节焉，所以防之，使其不过也。然犹惧其未也，又为立学以讲明之。……其虑民之意甚精，治民之具甚备，防民之术甚周，诱民之道甚笃。……耳闻目见，无非仁义；乐而趣之，不知其倦；终身不见异物，又奚暇夫外慕哉？……及周之衰，秦并天下，尽去三代之法，而王道中绝，后之有天下者，不能勉强，其为治之具不备，防民之渐不周；佛于此时，垂乘而出，千有余岁之间，佛之来者日益众，吾之所为者日益坏。井田最先废，而兼并游惰之奸起。其后……教民之具，相次而尽废，然后民之奸者，有暇而为他，其良

者,泯然不见礼义之及已。……佛于此时,乘其隙,方鼓其雄诞之说
而牵之,则民不得不从而归矣。

此篇对于史事的观察,未必正确,然宗教的根源,乃是社会的缺
陷,则其说确有至理。现在请引我所作的《大同释义》一段:

宗教果足以维持民心,扶翼民德,使之风淳俗美,渐臻上理邪?
宗教者,社会既缺陷后之物,聊以安慰人心,如酒之可以忘忧云尔。
宋儒论佛教,谓其能行于中国,乃由中国礼义之教已衰,故佛得乘虚
而入;亦由制民之产之法已敝,民无以为生,不得不托于二氏以自
养。斯言也世之人久目为迂阔之论矣,然以论宗教之所由行,实深
有理致,不徒可以论佛教也。世莫不知宗教为安慰人心之物,夫必
其心先有不安,乃须有物焉以安慰之,此无可疑者也。人心之不安,
果何自来哉? 野蛮之民,知识浅陋,日月之运行,寒暑之迭代,风雨
之调顺与失常,河川之安流与泛滥,皆足以为利为害,而又莫知其所
以然,则以为皆有神焉以司之,乃从而祈之,而报之,故斯时之迷信,
可谓由对物而起。人智既进,力亦增大,于自然之力,知所以御之
矣;知祈之之无益,而亦无所事于报矣;此等迷信,应即消除,然宗教
仍不能废者,何也? 则社会之缺陷为之也。"出师未捷身先死,长使
英雄泪满襟",但恨在世时,饮酒不得足;无论其为大为小,为公为
私,而皆有一缺陷随乎其后,人孰能无所求? 憾享用之不足,则有托
生富贵之家等思想焉;含冤愤而莫伸,则有为厉鬼以报怨等思想焉。
凡若此者,悉数难终,而要皆社会缺陷之所致,则无疑也。人之所
欲,莫甚于生,所恶莫甚于死,缺憾不能以人力弥补者,亦莫如生死;
故佛家谓生死事大,无常迅速,借此以畏怖人。天国净土诸说,亦无
非延长人之生命,使有所畏,有所歆耳。然死果人之所畏邪? 求生
为人欲之一,而人之有欲,根于生理。少之时,血气未定,戒之在色,
及其壮也,血气方刚,戒之在斗;及其老也,血气既衰,则皆无是戒

焉。然则血气渐灭而至于死,亦如倦者之得息,劳者之知归耳,又何留恋之有?《唐书·党项传》谓其俗,老而死,子孙不哭,少死以为夭枉,乃悲。此等风俗,在自命为文明之人,必且诮其薄,而不知正由彼之社会,未甚失常,生时无甚遗憾,故死亦不觉其可悲也。龟长蛇短,人寿之修短,固不系其岁月之久暂,而视其心事之了与未了;心事苟百未了一,虽逮大齐,犹为夭折也,曷怪其眷恋不舍? 又曷怪旁观者之悲恸哉? 夫人之所欲,莫甚于生,所恶莫甚于死,不能以人力弥补者,亦莫如生死,然其为社会之所为,而非天然之缺憾犹如此,然则宗教之根柢,得不谓为社会之缺陷邪? 儒者论郅治之极,止于养生送死无憾,而不云死后有天堂可升,净土可入,论者或讥其教义不备,不足以普接利钝,而恶知夫生而有欲,死则无之,天堂净土,本非人之所愿欲邪? 故曰宋儒论佛教之言,移以论一切宗教,深有理致也。

又一段说:

孔子果圣人乎? 较诸佛、回、耶诸教主,亚里斯多德、柏拉图、康德诸大哲如何? 此至难言也。吾以为但论一人,殆无从比较。若以全社会之文化论,则中国确有较欧洲、印度为高者。欧、印先哲之论,非不精深微妙,然或太玄远而不切于人生;又其所根据者,多为人之心理,而人之心理,则多在一定境界中造成,境界非一成不变者,苟举社会组织而丕变之,则前此哲学家所据以研求,宗教家所力求改革者,其物已消灭无余矣,复何事研求? 孰与变革邪? 人之所不可变革者何事乎? 曰:人之生,不能无以为养;又生者不能无死,死者长已矣,而生者不可无以送之;故"养生送死"四字,为人所必不能免,余皆可有可无,视时与地而异有用与否焉者也。然则惟"养生送死无憾"六字,为真实不欺有益之语,其他皆聊以治一时之病者耳。今人率言:人制驭天然之力太弱,则无以养其生,而人与人之关系,亦不能善。故自然科学之猛晋,实为人类之福音。斯言固然,然自然科学,非孤立于社会之外,或进或退,与社会无干系者也。社会固随科学之发明而变,科学亦随社会之情形,以为进退。究之为人之利与害者,人最切而物实次之。人与人之关系,果能改善,固不虑其对物之关系不进步也。中国之文化,视人对人之关系为首要,而视人对物之关系次之,实实落落,以"养生送死无憾"六字为言治最高之境;而不以天国、净土等无可征验之说诳惑人。以解决社会问题,为解决人生问题之方法,而不偏重于个人之修养。此即其真实不欺,切实可行,胜于他国文化之处;盖文化必有其根源,中国文化,以古大同之世为其根源,故能美善如此也。

看这两段,就可知宋儒的论宗教,确能触及根本问题了。

宋儒的政治思想,还有一点,很可注意的,就是彻底。其彻底,一见之于王霸之辨,一见之于君子小人之辨。

王霸之辨,就是一系根本之计,一止求目前见功。根本之计,是有利无弊的。只求目前见功,则在这一方面见为利,在别一方面即见为害。或者虽可解决一时的问题,而他日的遗患,即已隐伏。譬如训练人民,使能和别国竞争,这是好的,然亦可隐伏他日之患。从前明朝倭寇滋扰时,福建沿海人民,有一部分,颇能自相团结,以御外侮。这自然是好的。但是到后来,外侮没有了,而(一)习于战斗之民,其性质业已桀骜不驯;(二)社会上有种种不妥洽的问题;(三)人民的生计,又不能解决,于是械斗之风大盛,且有专以帮人械斗为业的。因这一班人的挑唆鼓动,而械斗之风更甚。我说这话,并非说外侮之来,无庸训练人民,以从事于斗争。外国人打得来,我们岂能不和他打? 要和他打,如何能不训练人民呢? 但是人民固须训练之,以求其武勇,而(一)因此而发生的别种弊害,亦须在可能范围内,设法减免。(二)且其提倡,只可以必要之度为限,否则徒为将来"转手"时之累——须知什么事，都不能但论性质，而要兼论份量。且性质和份量，原是一事。譬如服药，若超过适宜的份量，其所刺激起的生理作用，就和用适宜的份量时，大不相同了。这本是很明白的道理。但（甲）天下人，轻躁的居多，精神专注在一方面，就把别一方面，都抛开了。（乙）又有一种功名心盛的人，明知如此，而亦愿牺牲了别一方面，以求眼前之速成。（丙）再有一种谄佞之徒，明知其然，而为保持饭碗，或贪求富贵起见，不恤依附急功近名之士。于是不顾其后的举动就多，而隐患就潜伏着了。天下事件件要从根本上着手，原是事势所不许，"急则治标"，"两利相较取其重，两害相较取其轻"，原是任何人所不能免。但在知道标本之别，又无急功近名之心的人做起来，则当其致力一事之时，即存不肯超过限度之念；或者豫为他日转手之计。如是，则各方面都不虞偏重，祸根好少植许多了。所以立心不同的人，其所做的事，虽看似相同，而实有其大不同者在，所谓"共行只是人间路，得失谁知霄壤分"也，宋儒所以注重于王霸之辨，其原因就在于此。

　　有一种人，用他去办事，是弊上加弊，另一种人，用他去办事，则是维持现状，不致更坏，前面已经说过了。最好的自然是去弊加利。但才德兼全的人，很是少见，如其不然，则与其用弊上加弊的小人，毋宁用维持现状的君子。这种得失，是显而易见的。但是世人往往喜用小人，这是为什么呢？明知其恶，专为其便辟侧媚而用之的，就不必说了；误以其为好人而用之的人，其心原是大公无私的；误以为用了小人，能够弊少利多，殊不知小人全是行虚作假。假，本身就是弊。所以用了小人，能够使主持政治的人，全不知道政局的真相，大祸已在目前，还以为绝无问题，甚或以为大福将至。小人之所以能够蒙蔽，全在一个"忍"字。明知其事之有害，而为一己之功名富贵起见，则能够忍而为之。而作伪以欺其上，则于心能安。种种作伪的情形,固不能欺在下的人,而彼亦恬然不以为耻。人是监督不尽的。随事而监督之,势将劳而不可遍,所以用人必当慎辨其心术。

这两端,是世所目为迂阔的,然而在行政上,实有很大的参考价值。

凡事从根本上做起,既为事实所不许,则应付一时一事之术,大势亦不能不讲,这是所谓政治手腕。天下的体段太大了,一定要从根本上做起,深恐能发而不能收,倒还不如因任自然,小小补苴的好。这两种思想,前一种近于术家,后一种却近于道家了。宋朝的蜀学,就是这种性质。老苏和早年的大苏,是前一种思想,大苏到晚年,就渐近于后一种思想了。此种思想,历代都有,蜀学在宋朝,也不算时代的特色;所以今不深论。

宋、元、明三朝的思想,都是发源于宋朝的,其规模,也都是成立于宋朝的;元、明只是袭其余绪罢了。政治思想到明末,却有一种特色,那就是君主和国家的区别,渐渐明白。这是时势之所迫。一、因为明代的君主,实在太昏愚了,朝政实在太紊乱了。看够了这种情况,自然使人觉悟君主之为物,是无可希望的;要澄清政治之源,自非将君主制度打倒不可。二、又宋、元两朝,中国备受异民族的压迫,明朝虽得恢复,然及末年,眼看建州女真又要打进来了。被异民族征服,和自己国内王朝的起仆,不是一件事,也是显而易见的。因此,也能使人知道王朝和国家的区别,且能使人觉悟几分民族主义。这两者,前者是黄梨洲《原君》、《原臣》之论,后者是顾亭林有亡国——今之王朝——有亡天下——今之国家——之说。现在人人知之,今亦不及。

第九讲　清中叶前的政治思想

　　清朝入关以后，政治思想，可以说是消沉的时期。这（一）因异族压制，不敢开口。（二）则宋明的学风，流行数百年，方向有些改变了。学者对于（A）国家、（B）社会、（C）个人修养的问题，都有些厌倦，而尽力于事实的考据。考据是比较缺乏思想的——固然，考据家亦自有其思想，但容易限于局部，而不能通观全体。而且清朝人所讲的考据，其材料是偏于古代的，所以对于当时的问题，比较不感兴趣——如此，政治思想，自然要消沉了。

　　静止的物体，不加之以外力，固然不会动，但是苟加之以外力，外力而苟然达到相当的程度，也没有终于不动的。西力东侵，是中国未曾有的大变局。受了这种刺激，自然是不会不动的。所以近代政治思想的发皇，实在我们感觉着外力压迫之后。

　　感觉到外力压迫之后，我们的政治思想，应该怎样呢？照现在的人想起来，自然很为简单，只要舍己之短，效人之长就是了。但是天下事没有如此简单。须知西力东侵，是从古未有的变局，既然是从古未有的变局，我们感觉他，了解他，自然要相当的时间。须知凡事内因更重于外缘。同一外力，加于两个不同的物体，其所起的反应就不同，这就显得内在的力量，更较外来的为重要。所以我们在近代，遭遇了一个从古未有的变局，而使我们发生种种反应。当这

种情形之下,为什么发生如此样子的反应呢? 这一个问题,我们是
要将内在的情形,详加探讨,然后才能作答。我们内在的情形,却是
怎样呢?

第一,中国因(A) 地大,(B) 人多,(C) 交通不便,(D) 各地方
风气不同,(E) 社会的情形也很复杂,中央政府控制的力量有限;而
行政是依赖官僚,官僚是无人监督就要作弊的;与其率作兴事,多给
他以舞弊的机会,还不如将所办的事,减至最小限度的好。这是事
实如此,不能不承认的。所以当中国的政治,在理论上,是只能行放
任主义的;而在事实上,却亦以放任主义为常,干涉主义为变。变态
就是病态,人害了病,总是觉得蹙然不安,要想回复到健康状态的,
虽然其所谓健康状态的,或者实在是病态。但是彼既认为健康状
态,觉得居之而安,就虽有治病之方,转将以为厉己了。从来行干涉
主义的,每为社会所厌苦,务求破坏之,回复到旧状以为快,就是这
个道理。事实上,中国是只能行放任主义的,但在人们的思想上,则
大不其然。中国思想的中心,是儒家的经典,所称颂的,是封建制度
完整时代。此时代的特色,是(甲) 大同时代社会良好的规制,尚未
尽破坏,(乙) 而君主的权力也较大。人民受儒家经典的暗示,总觉
得社会应该有一个相生相养、各得其宜、使民养生送死无憾的黄金
时代,而此种时代,又可借政治之力以达之,所以无形之中,所责望
于政府者甚深。以上所述,是老死牖下,和实际政治无甚接触,而观
察力也不甚锐敏的读书人。若其不然,则其人又容易受法家的暗
示。法家所取的途径,虽和儒家不同,但其所责望于君主者也大,所
以有实际经验,或观察力极锐敏的政治家,对于政府的责望,也总超
过其实际所能的限度。

第二,在实际上,君主专制,是行之数千年了,但在理论上,则从
来没有承认君主可以专制。其在古代,本来是臣有效忠于君的义

务,而民没有的。反之,如儒家所提倡"民为贵,社稷次之,君为轻"等理论,则君反有效忠于民的义务。此等思想,虽然因被治阶级之无能力,而无法使之实现,但在理论上,是从来没有被破坏过的。试看从来的治者阶级,实际虽行着虐民的事,然在口头,从来不敢承认虐民,不但不敢承认虐民,还要装出一个爱民的幌子,便可知道。立君所以为民,这种思想,既极普遍,然则为民而苟以不立君为宜,君主制度,自然可以废除。这只是理论上当然的结论。从前所以不敢说废除君主,只是狃于旧习,以为国不可一日无君,无君便要大乱;因为国不可一日无治,既要有政治,即非建立君主不可——现在既然看见人家没有君主,也可以致治,而且其政治还较我们为良好,那么,废除君主的思想,自然要勃然而兴了。两间之物,越是被人看得无关紧要的,越没有危险。越是被人看得重要的,其危险性越大。中国的君主,在事实上是负不了什么责任的,然在理论上,则被视为最能负责任,最该负责任的人,一切事情不妥,都要归咎于他。这样的一个东西,当内忧外患纷至沓来之时,其危险性自然很大。

第三,中国人是向来没有国家观念的。中国人对所谓国家和天下,并无明确的分别。中国人最大的目的是平天下,这固然从来没有能做到,然而从来也没有能将国家和天下,定出一个明确的界限来,说我先把国家治好了,然后进而平天下。质而言之,则中国人看治国和平天下,并不是一件极大极难的事,要在长期间逐步努力进行,先达到一件,然后徐图其他的——若以为难,则治国之难,亦和平天下相去无几。总而言之,没有认为平天下比治国更难的观念。因为国就是天下,所以治国的责任,几于要到天下平而后可以算终了。这种观念,也是很普遍的。世界上有哪一种人,哪一块地方,可以排斥于我们的国家以外,(A) 我们对于他,可以不负责任,(B) 我们要消灭他们以为快,这种思想,中国人是向来没有的。中国人总愿意与天下之人，同进于大道，同臻于乐利。有什么办法，可以使天下的人，同进于大道，同臻于乐利，中国人总欣然接受。

第四，确实，在从前也没有一个真正可称为国家的团体，和中国对立。但是和中国对立的团体，就真个没有了么？这个自然也不是的。这个对立的团体，却是什么呢？那与其说是国家，无宁说是民族。本来国家是一个自卫的团体。我们为什么不和他们合一，而要分张角立，各结一团体，以谋自卫呢？这个自然也有其原因。原因最大的是什么？自然要说是文化，文化就是民族的成因了。中国所谓平天下，就是要把各个不同的民族同化之，使之俱进于大道——因为中国人认自己的文化是最优的，所以和别个民族，分争角立，是中国人所没有的思想。但在事实上，(A) 他们肯和我们同化，自然是最好的。(B) 如其不能，而彼此各率其性，各过各的安稳日子，那也不必说他。(C) 他要来侵犯我们，那就有些不可恕了。(D) 他竟要征服我们，那就更其不可恕了。理论上，中国人虽愿与天下各民族，共进于大道，但在事实上则未能。不但未能，而且还屡受异民族的迫害，甚而至于被其所征服。这自然也有激起我们反抗思想的可能，虽然如此，中国人却也没有因异民族的迫害，而放弃其世界大同的思想。中国人和人家分争角立，只是以人家欲加迫害于我时为限。如其不然，中国人仍愿与世界上人，共进于大道，共臻于乐利；压服他人，朘削他人，甚而至于消灭他人的思想，中国人是迄今没有的。

由第一，所以有开明专制的思想，这是变法维新的根源。由第二，所以民主的思想，易于灌输。由第三，所以中国人容易接受社会主义。由第四，所以民族主义，渐次发生。

这是近代政治思想的背景。

第十讲　近代的政治思想

　　近来讲中国思想的人，往往把明、清间一班大儒，如顾亭林、黄梨洲、王船山等，算入清儒之列。其实这一班人，以学术思想论，决然该算入宋、明时代的一个段落中。虽然他们也懂得考据，然而考据毕竟和人的思想无关；况且他们的考据，也多带主观的色彩，算不得纯正的考据。宋、明的学风衰息，而另开出一种清代的学风，一定要到乾、嘉时代的考据，然后可以入数。而这时代的人，却是比较的缺乏思想的。不但说不到政治上的根本问题，对于政治，也比较的不感兴趣，所以我说，清代是政治思想消沉的时期。

　　但是乾隆中叶以后，朝政不肃，吏治败坏，表面看似富强，实则民穷财尽，岌岌不可终日的情形，已经完全暴露。深识远见之士，每多引为深忧。到嘉庆之世，教匪起于西北，艇盗扰于东南，五口通商之役，霹雳一声，《南京条约》，竟是城下之盟，更其不必说了。所以到此时代，而政治思想，遂逐渐发皇。

　　这时代的政治思想，我们可以举一个最大的思想家做代表，那便是龚自珍。他的思想，最重要之点有二：（一）他知道经济上的不平等，即人们的互相剥削——经济上的剥削，是致乱的根源。他卓绝的思想，见之于其大著《平均篇》。本来以民穷财尽为致乱的根源，历代的政治家多有此思想。但是龚氏有与他人截然不同的一点。他人所谓贫，只是物质上的不足，而龚氏却看穿其为心理上的不平。历代承平数世之后，经济上总要蹙然感觉其不足。在他人，总以为这是政治不良，或者风俗日趋于奢侈所致，在龚氏，则看穿了这是社会安定日久、兼并进行日亟所致。所以在他人看了，这只是一个政治上、道德上的问题，在龚氏看了，则成为社会问题。此种卓识，真是无人能及。至于社会问题，应该用政治之力来解决，至少政治应该加以干涉，这是中国人通有的思想，龚氏自然也在所不免的。

（二）他总觉得当时的政治，太无生气；就是嫌政府的力量，不足以应付时局。这种思想，也是当时政治家所通有的，但龚氏言之，特别深切著明，其所作的《著议》，几乎全是表见此等思想。将经济上的不平等，看作政治上的根本问题，这种思想，从前的人是少有的。至于嫌政府的软弱无力，不足以应付时局，则是从前的人极普通的思想。康有为屡次上书，请求清德宗变法；他所以锲而不舍，是因为他认为"专制君主，有雷霆万钧之力"。但是专制君主，究竟有没有这个力量呢？这就是开明专制能否成功的根本原因了。关于这一个问题，我的意见是如此的：

中国的政治，是一个能静而不能动的政治——就是只能维持现状，而不能够更求进步。其所以然，是由于：（A）治者阶级的利益，在于多发财，少做事；（B）才智之士，多升入治者阶级中，或则与之相依附；其少数则伏匿不出，退出于政治之外，所以没有做事的人。君主所处的地位，是迫使他的利益和国家一致的，但亦只能做到监督治者阶级，使其虐民不能超过一定的限度。这些话，从前已经屡次说过了。因此之故，中国政治，乃成为治官之官日多，治民之官日少；作官的人，并不求其有什么本领。试看学校科举，所养所取之士，都是学非所用可知。因此，中国的官吏，都只能奉行故事；要他积极办事，兴利除弊，是办不到的。要救此项弊窦，非将政治机构大加改革不可。用旧话说起来，就是将官制和选举两件事，加以根本改革。若其不然，则无论有怎样英明的君主，励精图治，其所得的效果，总是很小的。因为你在朝廷上，无论议论得如何精详；对于奉行的官吏，无论催促得如何紧密；一出国门，就没有这回事了——或者有名无实，或者竟不奉行。所以中国君主的力量，在实际上是很小的。即他所能整顿的范围，极其有限。所以希望专制君主，以雷霆万钧之力来改革，根本上是错误的。因为他并无此力，开明专制的路，所以始终走不通，其大原因——也可说是其真原因，实在于此。

　　此等道理，在今日说起来，极易明白，但在当日，是无人能明白的——这是时代使然，并怪不得他们——所以所希望的，尽是些镜花水月。我们试举两事为证：当清末，主张改革的人，大多数赞成（一）废科举，或改革科举；（二）裁胥吏，代之以士人。只此两端，便见到他们对于政治败坏的根源，并没有正确的认识。从前的科举，只是士人进身的一条路。大多数应科举的人，都是希望做官的。你取之以言，他便以此为专业，而从事学习。所以不论你用什么东西——诗赋、经义、策论——取士，总有人会做的，而且总有做得很好的人。大多数人，也总还做得能够合格。至于说到实际应用，无论会做哪一种文字的人，都是一样的无用——诗赋八股，固然无用，就策论也是一样——所以从前的人，如苏轼，对于王安石的改革学校贡举，他简直以为是不相干的事。至于胥吏，从来论治的人，几于无不加以攻击。我却要替胥吏呼冤。攻击胥吏的人，无非以为（一）他们的办事，只会照例，只求无过；所以件件事在法律上无可指摘，而皆不切于实际；而万事遂堕坏于冥漠之中。（二）而且他们还要作弊。殊不知切于事实与否，乃法律本身的问题，非奉行法律的人的问题，天下事至于人不能以善意自动为善，而要靠法律去督责，自然是只求形式。既然只求形式，自不能切合于实际，就使定法时力顾实际，而实际的情形，是到处不同的，法律势不能为一事立一条，其势只能总括的说一个大概，于是更欲求其切于实际而不可得。然而既有法律，是不能不奉行的。倘使对于件件事情，都要求其泛应曲当，势非释法而不用不可。释法而不用，天下就要大乱了。为什么呢？我们对于某事，所以知其可为，对于某事，所以知其不可为，既已知之，就可以放胆去做，而不至陷于刑辟，就是因为法律全国统一，而且比较的有永久性，不朝更夕改之故。倘使在这地方合法的，换一处地方，就变为不合法；在这一个官手里，许为合法的，换了一个官，就可指为不合法，那就真无所措手足了。然则法律怎好不保持统一呢？保持法律统一者谁乎？那胥吏确有大力。从前有个老官僚，曾对我说："官不是人做的，是衙门做的。"他这话的意思，是说：一个官，该按照法律办的事情多着呢，哪里懂得这许多？姑无论从前的官，并没有专门的智识技能，就算做官的人都受过相当的教育，然而一个官所管的事情，总是很多的，件件事都该有缜密的手续，一个人哪里能懂得许多？所以做官的人，总只懂得一个大概；至于件件事情，都按照法律手续，缜密的去办，总是另有人负其责的。这是中外之所同。在中国从前，负其责者谁呢？那就是幕友和胥吏。幕友，大概是师徒相传的。师徒之间，自成一系统。胥吏则大致是世袭的。他们对于所办的事情，都经过一定期间的学习和长时间的练习。所以办起事来，循规蹈矩，丝毫不得差错。一切例行公事，有他们，就都办理得妥妥帖帖了——无他们，却是决不妥帖的。须知天下事，非例行的，固然要紧，例行的实在更要紧。凡例行的事，大概是日常生活所不可或缺的，万不能一日停顿。然则中国从前的胥吏幕友，实在是良好的公务员。他们固然只会办例行公事，然而非例行公事，本非公务员之职。他们有时诚然也要作弊，然而没有良好的监督制度,世界上有哪一种人,能保其不作弊的呢?所以中国从前政治上的弊病,在于官之无能,除例行公事之外,并不会办;而且还不能监督办例行公事的人,使之不作弊;和办例行公事的公务员——幕友胥吏,是毫不相干的。至于幕友胥吏的制度,也不能说他毫无弊病。那便是学习的秘密而不公开,以致他们结成徒党,官吏无法撤换他。然而这是没有良好的公务员制度所致,和当公务员的人,也是毫不相干的。

　　闲话休提,言归正传。内忧外患,既已不可收拾了,到底谁出来支持危局呢?在咸同之间,出来削平大乱,而且主持了外交几十年的,就是所谓湘淮军一系的人物。湘淮军一系的人物,领袖是曾国藩,那是无疑的。曾国藩确是有相当政治思想的人。他的思想,表见在他所作的一篇《原才》里,这是他未任事时的著作。到出而任事之后,他的所以自誓者,为"躬履诸艰,而不责人以同患"。确实,他亦颇能实践其所言。所以能有相当的成功。他这种精神,可以说,还是从理学里来的。这也可说是业经衰落的理学,神龙掉尾,最后一次的表演。居然能有此成绩,那也算是理学的光荣了。然而理学家立心虽纯,操守虽正,对于事实的认识,总嫌不足。其中才力大的,如曾国藩等,不过对于时事,略有认识;无才力而拘谨的人,就再不能担当事务了。实际上,湘淮军中人物,主持内政外交最久的,是李鸿章。他只是能应付实际事务的人,说不上什么思想。

　　五洲万国,光怪陆离的现象,日呈于目,自然总有能感受之而组织成一种政治思想的。此等思想家是谁呢?第一个就要数到康有为。康有为的思想,在中国,可以说是兼承汉、宋二学之流的。因为他对宋学,深造有得,所以有一种彻底改革的精神。因为他对于汉学,也有相当的修养,又适承道、咸以后,今文家喜欢讲什么微言大义,这是颇足以打破社会上传统的思想,而与以革命的勇气的;所以他能把传自中国和观察外国所得,再加以理想化,而组成一个系统。他最高的思想,表见在他所著的《大同书》里。这是要想把种界、国界、家族制度等,一齐打破的。他所以信此境之必可致,是由于进化的观念。他进化的观念,则表见于其春秋三世之说。大同是他究极的目的,和眼前的政治无关。说到眼前的政治,则他在戊戌变法以前,是主张用雷厉风行的手段,一新天下的耳目,而改变人民的思想的。政变以后,亡命海外,对于政俗二者,都观察得深了,乃一变而为渐进主义。只看他戊戌变法时,上疏请剪发易服,后来却自悔其误,就可知道;他所以坚决主张立宪,反对革命,其原因也在于此。康有为到晚年,对于时局,认识有些不清楚了。他坚决反对对德宣战,甚而至于参与复辟,就是其证据。但他的议论,有一点可以注意的,便是他对于政俗二者,分别得很清楚。他对于政,固然主张改变,然其牵涉到俗的一部分,即主张审慎。至于社会上的事,则主张取放任主义,不加干涉。社会亦如自然物然,有其一定的法则,不是我们要他怎样,就可以怎样的。这在现今,已经是很明白的道理。然在现今,仍有许多人的举动议论,似乎是昧于此理的。那末,他们自以为新,其实思想不免陈旧。像康有为这般被目为陈旧的人,其思想,反有合于新科学了。康有为是颇顽固的,他的世界知识,得之于经验的或者很多,得之于学问的,实在很少,他的见解,怎会有合于新科学呢? 那只好说是“真理是具存于天壤的,不论你从哪一方面去观察,总可以有所得”的了。

　　说戊戌维新的,总以康、梁并称。梁启超,论其魄力的伟大,识力的深沉,都比不上康有为;可是他也有一种长处,那便是疏通知远。他于学问,其实是无所心得的。却是他感觉很锐敏,接触着一种学问,就能去研究;研究了,总能有相当的了解;而且还能引用来批评现实,说得来无不明白易解,娓娓动听。他的情感,亦是很热烈的，还能刺激人，使之兴奋，所以他对于中国的政治，可以说其影响实比康有为为大。尤其是《时务报》和《新民丛报》，在当时，真是风靡全国的。后来严复写信给熊纯如说"任公笔下，真有魔力"。把从甲午以后到民国，约二十年间，风气转变的功罪，都归之于他。在启超，真可以当之而无愧。但是你要问我："梁启超的政治思想是如何？"那我是回答不出来的。因为他自己并无独到的、固定的政治思想——甚而至于可以说是一切思想，而只是善于了解他人，介绍他人——惟其无独到，所以不固定；也惟其不固定，所以无独到了。然而他对于实际的影响，其势力之雄，功绩之大，自是不可埋没。

我们若将先秦的事比况，则康有为的性质，是近于儒家、阴阳家的；梁启超的性质，是近于杂家、纵横家的；严复、章炳麟的性质，却近于道家和法家。严复译赫胥黎的《天演论》，译斯密雅丹的《原富》，译斯宾塞的《群学肄言》，他对于自然的演变，看得最明白；而也最尊重这种力量，凡事都不主张强为。最注意的，是非铜匠而修理铜盘，在凸出处打一下，凸出处没有平，别的地方，倒又凹凸不平起来了。这是近乎道家的。他又深知政治和社会不同。"政治不是最好的事"，所以主张现在该有魏武帝、诸葛孔明一流人，才可以致治，他的意见，都表见在民国初年写给熊纯如的若干封信里，语重心长，我们现在，每一披览，还深叹他切于事实。大抵法家的长处，就在对于事实观察的深刻清晰。所以不会滥引一种和现状不合的学说来，强欲施行。譬如治病，别的医生往往悬想某种治法，可以收某种功效，而对于病人，却没有诊察精细。法家是无此弊的，所以这一种人，实为决定政策时所不可少。章炳麟，在近代人物中，也是富于此等性质的。只看当立宪之论风起云涌之时，他独对于代议政体，深致疑虑，就可以见得了。

于此，以我浅薄的见解，颇致慨于现代的论政者，更无梁启超、严复、章炳麟其人。现代的政治学家，对于书本上的知识，是比前人进步了。单是译译书，介绍介绍新学说，那原无所不可，然而他们偏要议论实际的政治，朝闻一说，夕即欲见诸施行。真有"子路有问，未之能行，惟恐有闻"的气概。然而天下事，有如此容易的么？听见一种办法，书本上说得如何如何好，施行起来，可以有如何如何的效验，我们照样施行，就一定可以得这效验的么？人不是铁，学到了打铁的方法来打铁，只要你真正学过，是没有不见效的。因为铁是无生命的，根本上无甚变化；驾驭那一块铁的手段，决不至于不能驾驭这一块铁。种树就难说些了，养马更难说了，何况治人呢？且如民治主义，岂不是很好的，然而在中国，要推行民治主义，到底目前的急务，在于限制政府的权力，还在于摧抑豪强。用民政策，从前难道没人说过，没人试行过？为什么不能见效？我们现在要行，我们所行的，和昔人同异如何？联邦的组织，怎么不想施之于蒙藏，反想施之于内地？要形成政党，宋朝是最好不过的时代。因为新旧两党，一个是代表国家所要求于人民的，一个是代表人民所要求于国家的。倘使当时的新旧党，能互认敌党的主张，使有发表政见的余地，加以相当的采纳，以节制自己举动的过度，宪政的规模，早已确立起来了。现在人议论宋朝史事的很多，连这都没有见到，还算能引用学理，以批评史实么？